お米の先物市場活用法

未払いリスクを回避できる
新たな販売先を確保、
仕入れ先を拡充できる!
価格変動の不安がなくなる!

ファイナンシャル・プランナー
三次理加

はじめに

1854（嘉永7・安政元）年、日本が200年にわたる鎖国を解き、近代化の道を歩み始めた時、その資金源となったのは生糸の輸出でした。暴騰暴落する生糸相場の混乱のさなか、福沢諭吉は、生糸の商品取引所創設の必要性を説いています。「生糸の取引所を作れば、製糸家は暴利を得られなくなる。しかし、相場暴落による損失を回避できる」と。

商品先物取引といえば、たとえば、漫画『ナニワ金融道』（青木雄二／著　講談社）に出てきた話のように、非常にリスキーでダークなイメージを持つ方が多いと思います。

しかし、およそ300年前の江戸時代に、世界に先駆けて現在のような洗練された商品先物市場を創設したのは日本だった、ということを知っている方は、非常に少ないのではないでしょうか。しかも、それは、米の価格変動をリスクヘッジするために、商人たちが創り上げていったものなのです。

福沢諭吉の言葉からわかるように、『ナニワ金融道』をはじめとする話に出てくるような「商品先物取引＝怖い」というイメージは、商品先物市場の機能の一側面に過ぎません。

商品先物取引の主な社会的機能は、「資産運用機能」の他に2つ、「公正な価格の形成・発信機能」「価格変動リスクのヘッジ機能」があります。

「商品先物市場には『公正な価格の形成・発信機能』『価格変動リスクのヘッジ機能』という非常に重要な機能があるということを、米生産者、卸・集荷業者などの米に関わる業者の方に、もっと知っていただきたい！」これが本書の執筆動機です。

書店に行っても、商品先物取引に関する書籍は非常に少ないのが現状です。あったとしても「商品先物取引でこうすれば儲かる」系の本ばかり…。「公正な価格の形成・発信機能」「価格変動リスクのヘッジ機能」を伝える書籍の存在は皆無に等しい状態です。

はじめに

本書は、商品先物取引に関する書籍ではありますが、いわゆる「こうすれば、儲かる」系の書籍ではありません。米生産者、卸・集荷業者などの米に関わる業者の方々が抱えるリスクを回避するために、商品先物市場を利用する方法について執筆した書籍です。

第1章「お米先物取引って、なに？」では、米生産者、卸・集荷業者などの米に関わる業者の方々が、ビジネスとして商品先物市場を利用する手法について解説しました。米に関わる業者の皆様には、ぜひ、ご覧いただきたい章です。

第2章「世界初！　先物取引の聖地は『堂島』」は、江戸時代から続く商品先物取引の歴史等、雑学的なことを執筆しています。世界の金融界ではデリバティブの「聖地」と呼ばれる堂島を、日本はもっと誇りに思ってもよいと思っております。

第3章「商品先物市場のしくみ」、第4章「さあ、商品先物取引をはじめよう！」では、商品先物取引の特徴や仕組み、注意点等のほか、米の販路として商品先物市場を使う方法、米の仕入れ先として商品先物市場を利用する際の具体的な方法について解説しています。

前述のように本書は「こうすれば、儲かる」系の資産運用の書籍ではありませんが、第5章「投資先としての米」では、資産運用についても言及しています。米は、為替相場との相関性が非常に低いため、分散投資先として非常に有効です。米生産者、米に関わる業者の皆様からは、「主食を投資先にするなんて！」とお叱りを受けそうですが、実は、皆様にとっても、商品先物市場における投資家の存在は大切なのです。米生産者、米に関わる業者の皆様が取るポジションは一方向に偏る傾向があるため、そのポジションの相手方として、投資家は必要不可欠なのです。また、「公正な価格の形成・発信機能」「価格変動リスクのヘッジ機能」としての機能を十分に発揮するためには、投資家の資金が入ることにより、市場の流動性に厚みを持たせることが必要なのです。

「第6章　税金・会計、トラブルになる前に知っておきたいこと」は、商品先物取引に関する税金のほか、事業として商品先物取引を行った場合の仕訳、ヘッジ会計の仕訳等についても解説いたしました。おそらく、商品先物取引に関する一般向け書籍で、仕訳についても言及しているのは、本書が初めてではないかと自負しております。

72年ぶりに我が国に復活した米の商品先物取引は、2019（令和1）年10月現在、試験上場期間中です。万が一、本上場がかなわなかった場合、米に関わる業者の皆様にとって、大きな損失となるだろうと懸念しております。また、詳しくは本文にてお話しいたしますが、米の先物取引を国際的な米の指標とすることは国益にかなうことでもあります。

近い将来、米の商品先物取引が本上場となること、さらに、本書をご覧いただいた方が、米の先物取引により、ビジネスを安定させることができるようになることを心より願っております。

目次

第2章 世界初！先物取引の聖地は「堂島」……061

第3章 商品先物市場のしくみ

第4章　さあ、商品先物取引をはじめよう！

第5章 投資先としての米

第6章 税金・会計、トラブルになる前に知っておきたいこと……245

装幀・本文デザイン　加賀谷真志

第1章

お米先物取引って、なに？

商品先物取引というと、読者の皆様はどのようなイメージをお持ちでしょうか？

「身ぐるみはがされる」

「よくわからない」

「怖い」

「素人が手を出すものではない」

といったイメージを持つ方が多いのではないかと思います。

そのようなイメージがある商品先物取引を、農業などの生産者や流通業者の方々が『経営のために』利用するということは、ピンと来ないかもしれません。

そこで、まずは実際に利用している方々の感想を聞いてみましょう。

農家を営む小林さん

「実際に取引してみてわかったけど、米先物取引は、米の現物と倉庫を持っている農家にとっては、全然怖い存在じゃないよ。農家は、米価の変動で所得が大きく変動するリスクがあるだろう？　でも、米先物市場の価格があれば、播種前に価格をチェックできるし、取引価格を固定させることができるから安心していられる。農家にとっては「所得安定機能」といってもいいよ。しかも、取引先の信用を考えずにドライに取引できる。売り契約をしても自分の都合でキャンセルが自由にできる。しかも、代金未回収のリスクがない。売り先の一つとして考えることもできるだろう？　大規模農家ほど利用すべきシステムだよ」

集荷業者の佐藤さん

「集荷した後の価格変動リスクのために、売りヘッジをしてみたんだ。売り注文が成立した後は、米価が下落してもリスクはゼロ。在庫処分のために、先物市場で売ったこともあるけど、取引所を経由して売却代金が手に入るから代金未回収の心配や相手の信用を考える必要がなくて便利だよ、在庫管理の手間が省けるから、今度は、倉庫代わりに使ってみようと思っているところだよ」

卸売業者の鈴木さん
「米の先物市場で買っておけば、在庫管理も必要ないし、保管料もかからないから助かるよ。米の現物を米先物市場の価格よりも安く仕入れることができれば、買い注文をドライにキャンセルできるしね」

レストランを営む田中さん
「米の仕入先の一つとして活用しているよ。取引している米卸業者の価格と比較して、米先物市場の価格が安い時に買っているんだ。取引所で受渡しされる米だから、品質は問題ないし、すべて国産。合意早受渡しを利用すれば、年産や産地・銘柄はもちろん、細かいところまで柔軟に対応してくれるから便利だよ」

一般的にはイメージがあまり良くない先物取引ですが、実際に米先物取引を利用している方々の感想を伺ってみると、なんだかメリットがたくさんあるようです。

米先物取引は、農家などの生産者、米に関わる業者の方々にとって、どのようなメリットがあるのでしょうか？

農家や業者の抱えるリスクとはなにか？

農家や業者の皆さんは、さまざまなリスクを抱えながら経営を行っていらっしゃると思います。これらのリスクとリスクヘッジ（回避）方法について、図表1-1をご参照ください。実にたくさんのリスクがありますが、これらのリスクは、大きく二つに分類することができます。それは、「純粋リスク」と「投機的リスク」です。

「純粋リスク」とは、それが発生するとコストや損失が発生するリスクを意味します。言い換えれば、「潜在的損失を有している」リスクです。たとえば、地震や台風などの自然災害、火災、事故、製造物賠償責任などが該当します。これらのリスクは、図表1-1にある通り、保険をかけることにより回避することがで

図表1－1　企業を取り巻くリスクとリスクヘッジ方法

	リスク	リスクヘッジ方法
人	傷害・疾病	各種傷害保険
		所得補償保険
		介護保険
		医療保険
		海外旅行保険
		健康保険
	死亡	定期・団体定期保険
		団体信用生命保険
	生存	企業年金保険
		厚生年金基金保険
物	火災・落雷・破裂・爆発	火災保険
	盗難	盗難保険
	機械破損	機械保険
	コンピューターリスク	コンピューター総合保険
	動産リスク	動産総合保険
	輸送リスク	運送保険
		貨物保険
	自動車リスク	自動車保険
		自賠責保険
	船舶リスク	船舶保険
	航空リスク	航空保険
	工事リスク	組立保険
		建設工事保険
		土木工事保険
	原料変動	**商品先物取引**
	在庫管理	**商品先物取引**
	製品管理	**商品先物取引**
	人件費管理	指数先物取引
その他	賠償リスク	各種賠償責任保険
	債務不履行	保障・信用保険
	不誠実行為	身元信用保険
	費用支出利益喪失	火災利益営業継続費用保険
		機械利益営業継続費用保険
		企業費用利益総合保険
		店舗休業保険
		ネットワーク中断保険
		興業中止保険
		天候保険
	カントリーリスク	貿易保険
	売上管理	**商品先物取引**、指数先物取引
	為替変動	通貨先物取引（為替先物取引）
	金利変動	金利先物取引、国債先物取引
	資産運用	株価指数先物取引、株式先物取引

資料：日経フューチャーズリポート31　2002「登場が期待されるリスクヘッジ商品」／上岡広治・著　より

きます。リスクを保険料というコストに転嫁することで回避できる、ということです。

一方、「投機的リスク」の代表的なものは、「価格変動リスク」が挙げられます。それが発生すると、利益になることも、逆に損失となることもある類のリスクです。つまり、「投機的リスク」は、「潜在的利益・潜在的損失の双方を内包する」リスクといえるでしょう。「価格変動リスク」は、先物市場などを利用して第三者にリスクを移転することにより回避することができます。[*1] ただし、潜在的損失を回避するということは、同時に潜在的利益の可能性も消失します。

米の生産・流通には、過剰作付・過剰在庫リスク、天候リスク、消費者の消費量や消費性向の変動リスク、価格変動リスクなど、さまざまなリスクがあります。ご承知の通り、米に関して、国が生産から流通まですべてを管理していた時代は終焉を迎えようとしています。農家など生産者は、主体的に判断することが求められ、すでに自由化された流通に関わる業者は、柔軟な販売戦略で事業を運営する必要があります。以前に比べ、米の「価格変動リスク」は高まっているといってよいでしょう。

農家などの生産者、流通・加工に関わる業者の「投機的リスク」を回避できる場、それが大阪堂島商品取引所に上場される「米先物取引」市場なのです。

＊1　保険デリバティブ商品などの登場により、リスクを保険料というコストに転嫁できるものもあるようです。

商品先物取引の役割

読者の皆様は、商品先物市場の役割をご存じでしょうか？

株式市場であれば、企業が資金調達を行う「直接金融」機能、株価により常に時価評価を把握することができる、企業価値の表示機能、資産運用機能の三つがあることは、周知のことだと思います。一方、商品先物市場の機能については、あまり知っている方はいらっしゃらないでしょう。

では、実際のところ、商品先物取引は、経済・社会的にどのような存在意義・役割があるのでしょうか？

商品先物取引の機能については、福沢諭吉がその論文の中で明快に説明しています。

相場會所は一國の殖産商売のために無害無益なるものか、有害無益なるもの歟、又は有益無害なるもの歟と、三様に問題を設けるときは、我輩は断じて有益無害なりと答える者なり　―中略―　凡そ今の欧米文明の諸国に相場會所あらざるはなくして、其効用を問へば、弊害を説く者は少なくして利益を語る者は多し。抑も相場所の効用は、近遠の物価を示し、其現在未来の高低を明にし、生産物の運転を活発にし、以て農工商をして安んじて其業に従ふを得せしむるに在り。交通運輸の自在なる文明の世に居り、正当普通の物価を知らずして、物を製造し物を売買して能く禍を蒙るなきを得べきや。地方の養蚕製糸家が、外国の市場、横浜貿易上の相場に暗くして、安んじて業を執る可きや。北国の米商が東京今日の米価を聞いて廻米を企て、東京湾着船の時に価格の下落することあらば如何す可きや。其危険は楫なき船に帆を揚げて大海を航るに異ならず。然るに今その楫を授けて行かんと目指す處に行かしむるものは相場所の功徳と云ふ可し。又商売は其価の高き處に集り来りて、其低き處より散じ去り、以て一国内の各地、世界中の各国に、物価の乱高下を防ぎ、以て経済の円滑を得せしむるの通則は、争ふ可らざるの事実なり。而して此通則に一層の活動を興へて、人民に恆に産を得せしむるものは、是亦相場所の効力なりと云はざるを得ず

『福沢諭吉全集』第11巻　慶應義塾編纂　岩波書店（1960年）

福沢諭吉は、商品先物取引の効用について「現在と未来の価格を示し、生産を活発にし、農業・工業・商業に携わる人々が安心して仕事をすることができるようになる」点にあると挙げ、商品先物取引について「絶対に有益無害である」と主張しています。

また、取引所がない中で商売を行うことを「櫂がない船に帆を上げて、大きな海を航海しようとするようなものだ」とたとえています。

商品先物市場には、経済・社会的な機能・役割が主に三つあります。

（1）価格変動リスクのヘッジ機能

（2）資産運用機能

（3）透明で公正な価格の形成・発信機能

さらに、「価格変動リスクのヘッジ機能」の補完的な機能として、「**換金・金融機関機能**」「**実物取得機能**」「**在庫調整機能**」の三つがあります。順番に紹介しましょう。

（1）価格変動リスクのヘッジ機能

商品先物市場には、将来の価格変動リスクを第三者へ移転、回避する場を提供するヘッジ機能があります。「ヘッジ＝hedge」には、「防御、予防する」「両方に賭ける」といった意味があります。転じて「価格変動リスクのヘッジ」とは、価格の上昇、下落にかかわらず「損益が発生しない」状況を作り出し、価格変動による損失を回避することを指します。

商品の現物価格と先物価格は、原則、連動します。また、先物価格は取引最終日には現物価格と同値に収れんします。これら値動きの特徴を利用して、現物の価格変動により発生する損益を先物取引の損益で相殺することにより、将来の購入価格や販売価格を固定することが可能となります。ヘッジ取引には「買いヘッジ」と「売りヘッジ」があります。

○買いヘッジ

「買いヘッジ」は、将来の価格上昇リスクに備えるものです。たとえば、将来、米の購入を予定している時、今後の価格変動に関係なく、現在の価格に近い価格で米を購入したい場合や、現時点で購入すれば発生する米の保管コスト（金利・倉庫費用等）の負担を避けたい場合などに用います。

例1

米加工業者A社は、半年後に米204俵（＝1万2240キログラム）を購入する予定である。現在の価格1万5000円／俵であれば利益は確保できるものの、万が一、半年後に購入価格が大幅に上昇すれば利益を確保できない恐れがある。
そこで、A社は米先物市場で204俵を買い建て、「買いヘッジ」を行うことにした。

（図表1－2参照）

例1では、A社の米購入費用は、半年後、米価格が下落すれば少なく済みます。一方、米価格が上昇した場合、利益が確保できなくなることもあり得ます。つまり、米価格の変動に応じて、購入費用にブレが生じる状態です。

図表1-2　買いヘッジ

米加工業者A社は、6カ月後に米204俵（＝12,240kg）を購入する予定である。現在の価格15,000円／俵であれば利益は確保できるものの、万が一、6カ月後に購入価格が大幅に上昇すれば利益を確保できない恐れがある。
そこで、A社は米先物市場で204俵を買い建て、「買いヘッジ」を行うことにした。

A社は、6カ月後に期限が到来する米先物を15,000円／俵で204俵買った。

6カ月後

価格上昇	価格下落
米現物を16,000円／俵で204俵購入。この時、米先物価格も連動して上昇し、16,000円／俵になっていたので差金決済する。	米現物を14,000円／俵で204俵購入。この時、米先物価格も連動して下落し、14,000円／俵になっていたので差金決済する。
先物取引の損益 （16,000円－15,000円）×204俵 ＝204,000円 米購入費用 16,000円×204俵＝3,264,000円 従って、相殺後の米購入費用は 3,264,000円－204,000円 ＝3,060,000円	先物取引の損益 （14,000円－15,000円）×204俵 ＝－204,000円 米購入費用 14,000円×204俵＝2,856,000円 従って、相殺後の米購入費用は 2,856,000円＋204,000円 ＝3,060,000円

値上がり値下がり、いずれの場合も、予定通り15,000円／俵で米を購入できた。つまり、先物市場を利用することにより、購入価格を15,000円／俵に固定できた、といえる。

※手数料等諸経費は考慮しない。先物価格と現物価格は同じ動きをすると仮定。

そこで「買いヘッジ」の出番です。図表1－2のように、ヘッジ取引を行うことにより、価格上昇・下落のいずれの場合であっても、A社は米購入価格を1俵あたり1万5000円に固定することができました。加えて、米加工業者A社は半年前に米を購入すれば必要となっていただろう倉庫費用を節約することもできています。

また、詳細は第3章で説明しますが、商品先物取引は証拠金という少額の資金で取引が可能です。そのため、購入費用全額が必要となるのは決済期限である最終取引日（＝納会日）が近くなってからです。そのため、購入費用のうち一部を半年間活用することもできます。

なお、例1では、先物市場で買った米を、半年後に決済し、別途、米の現物を購入しています。しかし、先物市場で買った米を決済せずに、購入総代金を支払い、現物を引き取る（＝現受け）ことにより米を購入することもできます。

ヘッジ取引を「価格の固定化」という目的で使用する場合、先物市場における決済は、買ったものは売り決済、売ったものは買い決済する（これを「差金決済」

といいます）だけではなく、買ったものは総代金を支払い、現物を引き取る、売ったものは現物を引き渡して総代金を受け取る（これを「受渡決済」といいます）ことにより決済する方法もあるのです。つまり、商売の状況に応じて、決済方法を柔軟に選ぶことができるという特徴があります。

○売りヘッジ

「売りヘッジ」は、価格下落リスクに備えるものです。たとえば、将来、米の売却・販売を予定している時、今後の価格変動に関係なく、現在の価格で米を売却・販売したい場合や、保有している米の価格下落を回避したい場合などに用います。

例2

米卸売業者のＢ社は、米１０００俵の在庫を保有している。現在の米現物価格１万４２００円／俵で販売できれば十分な利益を見込めるが、万が一、米価格が下落した場合、仕入れ価格を下回り、損失となる恐れがある。

そこで、B社は米先物市場で在庫1000俵相当分を売り建て、「売りヘッジ」を行うことにした。

（図表1－3参照）


例2において、B社の収入は、米価格が上昇すれば増えます。一方、米価格が下落すれば減少し、場合によってはコスト割れとなってしまいます。

そこで「売りヘッジ」の出番です。図表1－3のように、ヘッジ取引を行うことにより、米価格の上昇下落にかかわらず、B社は、米を1俵あたり1万4200円で販売することができました。ヘッジ取引を行うことにより、米販売価格を1俵あたり1万4200円に「固定できた」といえます。

たとえば、農家などの生産者が米の播種前契約を行う場合、価格・数量を事前契約すると同時に、コスト・利益を考慮した価格で、先物市場において「売りヘ

図表1－3　売りヘッジ

米卸売業者B社は、米1,000俵の在庫を保有している。現在の米現物価格14,200円／俵で販売できれば十分な利益を見込めるが、万が一、米価格が下落した場合、仕入れ価格を下回り、損失となる恐れがある。
そこで、B社は米先物市場で在庫1,000俵相当分を売り建て、「売りヘッジ」を行うことにした。

B社は、4カ月後に期限が到来する米先物を14,500円／俵で1,000俵売った。

価格上昇 ― 4カ月後 ― 価格下落

価格上昇	価格下落
米を15,000円／俵で販売できた。米先物価格も連動して上昇し、15,300円／俵になっていたので差金決済する。	米を13,400円／俵で販売できた。米先物価格も連動して下落し、13,700円／俵になっていたので差金決済する。
先物取引の損益 （14,500円－15,300円）×1,000俵 ＝－80万円 米販売による売り上げ 15,000円×1,000俵＝1,500万円 従って、相殺後の売り上げは 1,500万円－80万円＝1,420万円	先物取引の損益 （14,500円－13,700円）×1,000俵 ＝80万円 米販売による売り上げ 13,400円×1,000俵＝1,340万円 従って、相殺後の売り上げは 1,340万円＋80万円＝1,420万円

値上がり・値下がり、いずれの場合も、予定通り14,200円／俵で販売できた。つまり、先物市場を利用することにより、販売価格を14,200円／俵に固定できた、といえる。

※手数料等諸経費は考慮しない。先物価格と現物価格は同じ動きをすると仮定。

ッジ」を行えば、価格の先行きを気にすることなく安心することができます。

なお、例2では、先物市場で売った米を、4カ月後に買い決済し、別途、米の現物を販売しています。しかし、先物市場で売った米を決済せずに、米の現物を引き渡して総代金を受け取ることもできます。取引所における売買のため、相対で商売する時と異なり、相手方の信用状況や今後の関係を考えることなくドライに売ることができ、代金未回収の心配も不要です。代金回収リスクのない売り先が一つ増えたといえるでしょう。

例1と2では、ヘッジ取引を行うことにより、A社とB社はともに将来における米の価格変動リスクを回避できたことになります。半面、同時に価格変動による利益を享受する機会を失っています。しかし、現時点で利益を確保し、将来の損失の恐れを排除することによって経営を安定させる、ということは農家などの生産者はもちろん、業者・経営者にとって非常に有益なことだといえるでしょう。

「ヘッジ取引」を行うことにより、将来の価格上昇・下落リスクに保険をかけたことと同様の効果が期待できるというわけです。

以上の例からおわかりのように、商品先物取引における「価格変動リスクのヘッジ機能」には、補完的な機能として、「**換金・金融機関機能**」「**実物取得機能**」「**在庫調整機能**」の三つがあります。

①「換金・金融機関機能」

手元にある米を米先物市場で売却し、換金することができます。例2の場合、売り先が見つからなかった時に、そのまま現物を先物市場に売り、代金を回収することができます。ここで非常に大切なポイントは、大阪堂島商品取引所を介した取引となるため取引先の与信判断は不要であるということです。代金未回収のリスクはありません。

また、米国では、農場経営者や穀物取扱業者などが穀物在庫の価格変動リスクを商品先物市場でヘッジしている場合、銀行が、その在庫の一定割合までの融資条件を緩和することがあるそうです。これは「ヘッジしていない商品在庫は投機」

らくるようです。

（引用：『商品先物取引の基礎知識』木原大輔／著、時事通信社）という考えか

あまり知られていないようですが、日本においても、動産を担保に金融機関が融資する制度があります。これをＡＢＬ（アセット・ベースト・レンディング、動産・売掛金担保融資）といいます。これは、在庫や売掛金等を活用する資金調達の方法です。商品を販売し、販売代金が売掛金となり、売掛金が回収されて現金預金になる、という「資金の流れ」に着目し、販売・売掛金・現金預金を一体として担保設定するものです（図表１‐４）。不動産担保や個人の信用に過度に依存せず、事業者の資金調達の多様化や地域の活性化につながる制度として注目されています。

地域金融機関の融資の９割超が不動産担保であることを踏まえ、金融庁は、２０１３（平成25）年に、積極的活用を推奨しています。

米に関しては、北日本銀行が米卸業者に1億円、北越銀行が米集荷業者に５０００万円のＡＢＬを実行した事例があります。

図表1－4　ABLの仕組み

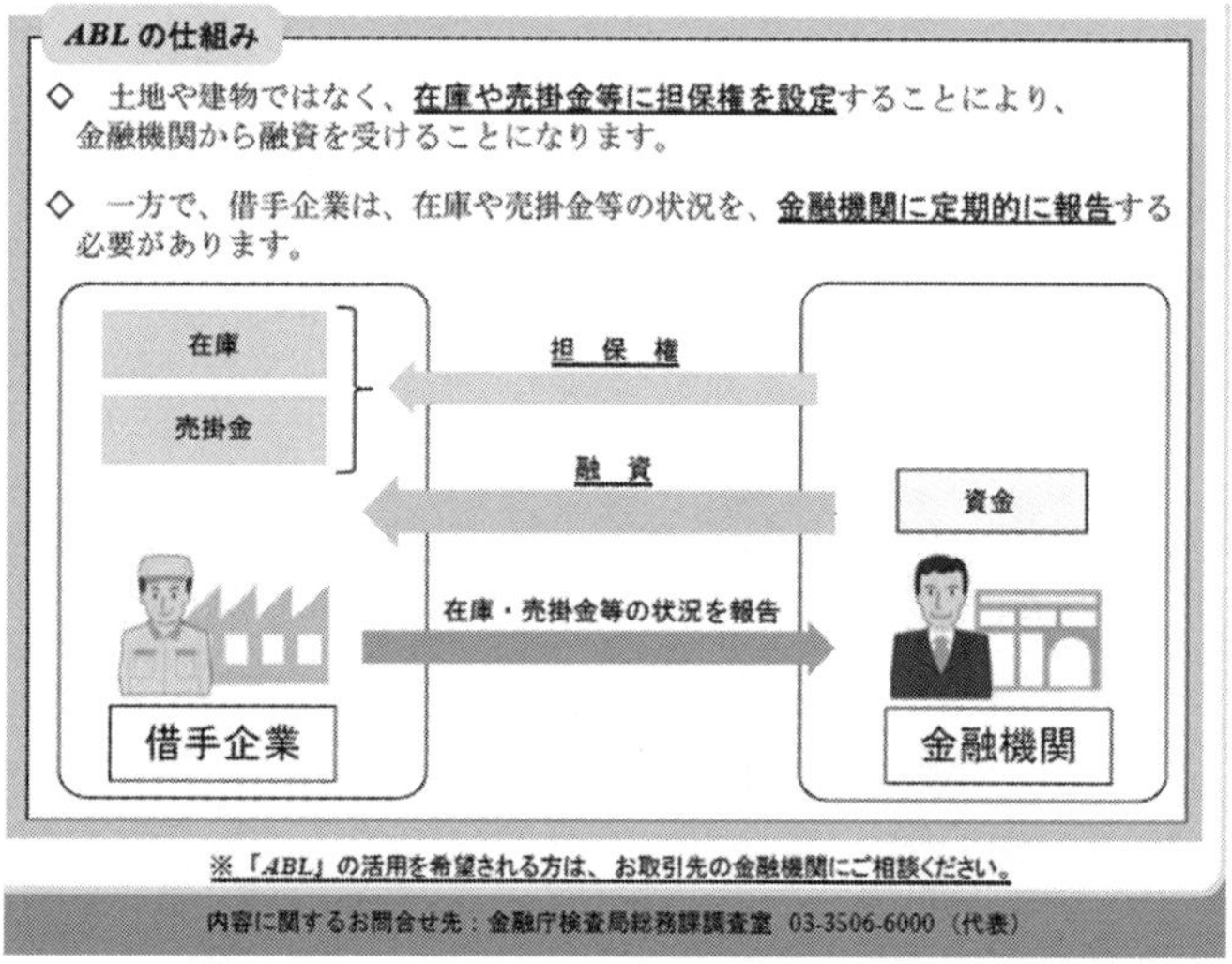

資料：「中小企業等の皆様へ（ABL（動産・売掛金担保融資）を検討してみませんか?)」パンフレット／金融庁ホームページ

ただし、ABLは、担保となる動産について合理的評価が必要です。大阪堂島商品取引所に上場されている米先物市場は、明確で即時性の高い価格指標ですから、米在庫の適正な資産評価が可能となります。つまり、米在庫を担保に、金融機関から借り入れを行うことができるようになる可能性が高まります。

②「実物取得機能」

商品先物市場を利用して、米現物を購入することができます。例1の場合、米先物市場で買った米について、総代金を支払い、米を受け取ることができます。原則として、ブランド（銘柄）の指定はできません。ただし、第4章で説明する「合意早受渡し制度」を利用すれば、価格、年産、産地、銘柄、受渡場所などを柔軟に指定することも可能です。

また、受渡しされる米は「農産物検査法に基づく検査規格水稲うるち玄米1等品及び2等品」であるため品質に対する心配もありません。

米の仕入れ価格を安く抑えたい場合[*1]、米価格の変動に左右されず定期的に安定した価格で仕入れたい場合、将来の仕入れ価格を現在の価格に固定したい場合などに利用できます。

ご参考までに、大阪堂島商品取引所の米先物市場では、2014（平成26）年1月から2019（令和1）年8月までの間に玄米重量でおよそ4万2000トンもの米が受渡しにより決済されています[*2]。

詳しくは第3章で説明しますが、商品先物取引は証拠金制度を採用しています。

そのため、買い注文が成立した時点では総代金は必要ありません。決済期限が到来するまでの間、総代金の一部を運用することもできるため、資金を効率よく活用することができます。

＊1　必ずしも安く仕入れられるとは限らない点に注意が必要。
＊2　「コメ先物期間レポート　VOL．56」大阪堂島商品取引所ホームページ資料より筆者が算出。

③「在庫調整機能」

ヘッジ取引の考え方を応用すれば、一定の条件の下に、今ある商品在庫を調整することが可能です。たとえば、現在保管している米を売却すると同時に、先物市場で将来、同量の商品を購入する契約をします。こうすれば、倉庫料を削減することができます。さらに、売却代金の一部については金利収入を得ることも可能となります。

米の卸売業者は、収穫時期に新米を仕入れ、その在庫を管理しつつ1年かけて小売業者に販売します。たとえば、あらかじめ在庫の一部を先物市場で買っておき、需要期に必要量だけの米現物を受け取ることにより決済するとします（=受渡決済する）。こうすれば、保管コストを削減できるほか、品質劣化・毀損リスク、売れ残りリスクを回避することが可能となります。

米ではありませんが、たとえば、ホクレン（ホクレン農業協同組合連合会）が昔から、小豆についてヘッジ取引を行っていることは有名です。ホクレンは、収穫時に生産者から買い取った小豆を1年から1年半かけて販売していきます。その間、在庫の価格変動リスクを回避するため、ホクレンは、小豆先物市場で売りヘッジを行っています。現物で販売できた分に関しては、売りヘッジをはずします（=買戻しにより差金決済をする）。小豆の現物が不足した場合には、小豆先物市場で買いヘッジを行うこともあるそうです。

また、訴訟先進国の米国では、在庫の価格変動リスクをヘッジしていなかったことに対して、株主代表訴訟が行われた実例があります。

1992(平成4)年、米国インディアナ州の穀物組合LaFontaine Grain Co-opは、同社の穀物在庫の価格下落リスクを適切にヘッジしなかったために、およそ43万ドルの損害を発生させた「リスクヘッジに関わる善管注意義務違反」として株主代表訴訟を起こされました。この訴訟で、インディアナ州の控訴裁判所は、取締役の損害責任を肯定する判決を下しています。日本ではまだ事例を聞きませんが、大手の業者の場合には、注意が必要かもしれません。

(2)資産運用機能

商品先物取引は、現物の受渡しをすることなく、売値と買値の差額(差金)を授受することにより取引を終了させることができる取引です。これを差金決済といいます。この場合、売値と買値の差額が損益となります。

また、少額の資金(=証拠金)を差し入れまたは預託すること[*1]により、その数倍から数十倍の取引を行うことができます。

商品先物市場は、これらの特徴を利用して投資家が利益を追求する、という資産運用機能を持っています。
ちなみに、商品先物取引の利益追求方法は、次の通り、主に3種類あります。

1．価格の上昇で利益を追求
2．価格の下落で利益を追求
3．価格の上昇・下落に関係なく利益を追求

1は、「価格上昇を期待して買い、上昇したら転売する」という方法で、基本的な投資方法といえます。株式の値上がり益を追求する、不動産の値上がり益を追求する、といった一般的な投資と同じ考え方です。これに対し、2は「価格下落を期待して売り、下落したら買戻す」という手法により利益を追求する方法です。1および2は、商品先物市場における基本的な利益追求方法です。

一方、3は、同じような値動きをする2商品の一方を売り、他方を買うことにより、両者の価格差の拡大（または縮小）で利益を追求する手法です。この手法

は、「鞘《さや》取り」と呼ばれます。鞘とは価格差のことです。鞘取りは、商品市場だけではなく、株式市場でも利用されている投資手法の一つです。たとえば株式の場合、同業種などの相関性の高い2銘柄のうち「割高な銘柄を売り、割安な銘柄を買う」という鞘取りが行われることがあります。

資産運用に関しては、第5章で詳しく取りあげます。

＊1　「差し入れ」「預託」ともに、顧客が商品先物取引業者へ証拠金を入金する、という行為。（株）日本商品清算機構への預託方法により呼び方が異なる。

(3) 透明で公正な価格の形成・発信機能

商品先物市場には、これまでに紹介した「価格変動リスクのヘッジ機能」「資産運用機能」のほかに、「透明で公正な価格の形成・発信機能」という重要な役割があります。

モノの価格は、原則として、売り手と買い手のバランスによって決まります。

ところが、たとえば売り手が一部の大手業者に限定された場合、売り手の都合によってのみ価格が決定されることがあり得ます。

取引所における価格は、ヘッジを目的とした生産者や需要家（＝ヘッジャー）、現物の受渡しを目的とする投資家や企業、リスクを取って利益を追求する投資家（＝スペキュレーター）など、さまざまな思惑を持った多くの売り手と買い手の存在によって決まります。

また、取引は明確なルールに基づいて行われ、誰かが市場を独占、支配することのないよう取引所が監視を行います。そのため、取引所で決定される価格は「透明度の高い、公正な価格である」といえるでしょう。

このように多数の売り手と買い手の存在によって取引所で成立した価格は、ただちに内外に発表され、生産者が値決めを行う際や需要家・事業者が米を購入する際に、価格指標として参考にすることができます。

たとえば、米は、播種時には収穫時の価格がわかりません。もし、米先物市場がなければ、農家などの生産者自身が将来の価格や収穫量を予想して、価格変動リスクを覚悟のうえで、注文する種の数量を決めなければなりません。しかし、米先物市場があれば、その時点における1年先までの価格がわかります。そのため、それを参考に計画を立てることができるのです。もちろん、その時点で売りヘッジを行い、販売価格を固定することもできます。

「投資が目的で米市場に参入する人がいると、米価格が乱高下するじゃないか！取引所における取引は、生産者や需要家だけに限定するべきだ」

そのように思われる方もいらっしゃるかもしれません。

しかし、生産者や需要家などのヘッジャーは、市場で取引を行うタイミングや戦略が似通ったものになる傾向があります。一方、投資家の思惑は人それぞれであり、運用戦略も人により異なります。また、投資家はヘッジ目的の買いと売りの量の不均衡を引き受ける存在でもあります。つまり、投資家の存在が市場に流動性を与え、流動性があることにより、ヘッジャーが円滑にヘッジを行うことができるのです。投資家は、市場における緩衝材的な役割を果たしており、必要不可欠な存在なのです。

「そうはいっても、主食の米がマネーゲームの対象になるのは許せない！」

そういった感情をお持ちの方もいらっしゃるでしょう。これについては、私ではなく、デリバティブ（金融派生商品）がご専門の先生に説明していただきましょう。

特別寄稿

米の先物取引を考える

大阪大学名誉教授　仁科 一彦

はじめに

本論の目的は、現在「試験上場」されているわが国の米先物取引について、いくつかの側面から検討して、近い将来に向けて望ましい同市場のあり方を考察することである。検討する際の基礎は初級経済学の入門的な理論であることを断っておく。

1. 先物取引の国民経済的意義

経済活動には、それが生産であれ消費であれ、結果を前もって知ることができないという意味で必ず不確実性がともなう。一般的にはリスクがあると表現される。これは自明な論理であるが、以下の本論ではこのリスクが中心的なテーマであることを記しておく。

われわれが生きているのは資本主義経済の社会であり、この経済システムは市場メカニズムに依存して機能していることは周知の通りである。経済学の入門的教科書では、市場メカニズムは他の経済システムに比較して最も優れたシステムであることが証明されている。ただし市場メカニズムが無条件で最良のシステムになることはできない。それが成立するためには、いくつかの条件があり、そのなかで最も対応が難しい条件の一つがリスクの存在なのである。リスクの問題は市場メカニズムが正常に機能するために大きな障害であり、その対応にはこれまで多くの研究者が努力を重ねてきた。

第1回のノーベル経済学賞を受けたアロー(K.Arrow)は、20世紀の中頃に、「条件付き請求権」という新しいアイデアを導入して、リスクに対応する強力な理論を確立した。そこでの中心的な帰結は、条件付き請求権と呼ばれる契約を市場で取引すれば、たとえリスクが存在しても市場メカニズムが最も優れた経済機能を発揮することができるという内容である。この画期的な業績はその後の経済学を飛躍的に発展させたことは言うまでもない。同時に、条件付き請求権の本質を備えた取引を実際の経済において実現すれば、生活と社会の発展に寄与することが確認されたとも言えよう。

条件付き請求権が持つ機能の特性はさまざまなリスクのコントロールを可能にすることである。最も身近なリスクコントロール手段であるリスクヘッジが利用可能な社会と、それを利用できない社会を比較すれば、どちらがより優れた経済社会であるかは論をまたないはずである。たとえば、火災保険や生命保険など現代生活に不可欠の商品を利用できない社会を想定すれば、リスクコントロールの意義が明らかになると思われる。

現在の世界経済とりわけ先進国経済において急速かつ広範な分野で取引が拡大しているデリバティブ取引は、部分的とはいえこの条件付き請求権の本質を備えたものである。ただしデリバティブ取引の中核をなす先物取引とオプション取引は、ともに経済学の研究以前に実際の経済すなわちビジネスの世界でその原型が誕生して、すでに長い歴史を持つことも明らかにされている。

たとえば先物取引の創設は18世紀において大坂堂島で活躍した米商人達のアイデアが嚆矢であることは周知の通りである。また、オプション取引の起源については諸説があるが、17世紀にオランダをはじめとするヨーロッパの金融界と商人達によって始められたと考えられている。

以上より、デリバティブ取引の基礎である先物取引は、理論的な分析に基づく考察のみならず、経済取引の効率化を目指した商業革新の歴史を参考にしても、国民経済の充実と発展に寄与する仕組みなのである。すなわち先物取引の意義は理論と実証の両面から確認されていると言えよう。

2．わが国における米の価格形成

現在の時点でわが国における米の価格形成について検討する場合、最も重要でほとんどの賛同を得る指摘は、食管制度が廃止されて以来徐々に市場メカニズムが機能する方向にあるという認識ではなかろうか。過渡期の対策として、補助金をはじめとする対応措置は規模を縮小しながらも継続されるとしても、価格を決定する規制が外されたのであるから、農業者とりわけ米の生産者が市場メカニズムの本質を理解するようになるという認識は間違いではないと思われる。

世界経済のグローバル化は米の市場を永遠に国内に限定することを不可能にする。長い歴史を持つ米の生産活動に対する何らかの配慮は必要であろうが、米という商品のみを将来の長い期間にわたって特別な存在にしておくのは難しいのではなかろうか。たしかに主食というイメージは特別でありこれからも残ると思われるが、他の食料と完全に異なる商品と位置づけるのは難しいと思われる。

歴史的な視点に立てば、ほとんどわが国の歴史全体にわたって米は特別な存在であった。ところがその最盛期ともいえる江戸時代に米の先物取引が創設されて繁栄したのである。当時は米が現代の貨幣に相当するとさえ考えられており、幕府がその価格を重視したのは当然である。あらゆる階層の国民生活が米の価格に大きく依存していたのであるから、価格が大きく変動したり、ましてや暴騰や暴落することがあれば社会不安を引き起こしかねないので、幕府は米の価格に注意と管理を怠らなかった。こうした背景を持つ経済社会に米の先物取引が導入されたのであるから、当初は不安や心配が必然的に起こったはずである。しかし歴史研究によれば、米の価格変動は先物取引の導入以前より以降において縮小して安定したことが明らかにされており、先物取引は栄えたのである。もちろん先物取引のその後の歴史は平穏な時代ばかりではなく、紆余曲折を経たことは改めて強調する必要はない。

この事実は市場メカニズムに関する重要な教訓を与えるのみならず、先物取引への信頼をもたらした。その後の米先物取引に対する政策が現代にいたるまで少なからぬ変遷を経ているために、米先物取引は休止期間さえ経験しているが、その意義と理解は現在まで着実に維持されていると言えるのではなかろうか。

3．早急に修正すべき誤解

ここでは米の先物取引に関わる議論に接するとき、頻繁に聞かれる誤解について説明しておきたい。

第一は、米にかぎらず先物取引全般に対して指摘される意見である。いわく、「先物取引市場は投機の場であり、投機は価格変動を大きくする弊害をもたらすから、健全な市場メカニズムを阻害する行為である。投機を投資と峻別して、前者は抑制して後者を育成しなくてはならない」という内容である。

このような誤解は先物取引にかぎらず市場メカニズム自体にとっても有害である。特に各種の資産を取引する市場における取引行為は、将来の価格変動を期待して行われるのが本質であり、投資も投機も変わるものではない。また投機が市場価格を不安定にするという主張はその本質を把握していない。投機の本質は価格の低いときに購入して需要を増やし、価格の高いときに売却して供給を増やすことによって利益を得る。それゆえ低い価格を上昇させるとともに、高い価格を抑える効果を持つのであるから、むしろ価格の安定に寄与するはずである。もしそれとは逆の行動をとれば投機家は損失を被るので市場から退出させられることになる。もちろん投機にともなって価格操作などの不正行為があれば、強く排除すべきなのは言うまでもないが、投機とそれらの不正行為の混同には注意しなくてはならない。

さらに重要なのは、先物取引市場の機能として重要で分かりやすいヘッジ取引が可能であるためには、市場に投機家が存在しなければならないという構造である。これについては詳細を省くが、以上のように理解すれば第一の誤解は容易に修正されるであろう。

第二の誤解は、これも頻繁に聞く主張であるが、「米のような生活必需品を先物市場で取引するのは望ましいことではない、もし価格が大幅に乱高下したり異常な水準になれば多くの国民が被害を受ける」である。

後段のような心配は誤りではない。しかしすでに述べたように、先物市場で形成される価格を信頼すればほとんど杞憂に終わるであろう。また現代の世界経済において、重要な資源や生活の根幹を支える財のほとんどが先物市場で取引されて、その価格が世界の標準になっていることを確認すれば、心配は氷解すると思われる。参考のために現在世界の先物取引市場で取引されて標準価格が形成されている商品の例を掲げておく。

①鉱産物
　原油、ＬＮＧ、鉄鉱石、貴金属、銅、アルミニウム、
②農産物
　小麦、大豆、コーン、砂糖、コーヒー、ｅｔｃ
③エネルギー、サービス
　電力、船舶運賃、ｅｔｃ
④金融商品
　金利、外国為替、株式、保険、ｅｔｃ

これを見れば、われわれの生活を支えるほとんどの商品の価格が先物市場で形成されていることが分かる。文字通り生活必需品の配分が先物市場で決定されているのである。

4. 望ましい先物取引市場

これからわが国において米の先物取引が本格化することを想定すると、先物市場が本来の機能を発揮して、優れた市場であるために望まれる条件について記しておきたい。

第一は情報の問題である。先物取引を含むデリバティブの市場は情報によって価格が形成される。これはデリバティブ市場に限らずいわゆる資産市場一般の特徴でもある。それゆえ先物取引市場にとって最も重要な条件は参加者間の情報の偏りを極力避けることである。これは理論的にも実際にも簡単な問題ではなく、具体的な方策は常に検討されていくと思われるが、先物取引市場がその本来の機能を発揮するためには避けて通れない課題である。

第二は参加者の多様性である。市場参加者は多様で数が多いほど市場機能がよく働くことは広く理解されている。参加者の規模の拡大や多様性の上昇は情報の伝達速度や流動性の高さなどに有効に作用して、市場機能の高度化に寄与するからである。したがって参加者に制限は設けずに、海外からの参加は言うまでもなく、米のビジネスに関わる企業をはじめとして、さまざまな投資主体にも、積極的に参加を求める施策が望まれる。なぜ多様な投資目的にとって米の先物取引が有望な対象になるかについては、ポートフォリオ理論に関する高度な説明が必要なので、ここでは割愛する。

第三に、米は経済的な観点からは一般の商品と変わりはないが、日本人にとって特別な意味を持つ食品であるという意見がある。また米の生産者やその団体である協同組合は先物取引という行為に経験のない場合が多いという意見もある。これらは傾聴すべき指摘とも考えられる。そこで、先物市場に関する丁寧な情報提供と、先物取引の解説や話題を継続的かつ十分に提供することが必要であると思われる。

おわりに

このような小論で米の先物取引市場に関わる重要なテーマを網羅することは不可能であるが、冒頭で記したように、初歩的な経済学の知見を基礎にして平易な解説と意見を試みた。本論がこれからの同市場の発展に貢献できれば幸いである。

第2章

世界初！
先物取引の聖地は
「堂島」

大坂堂島〜世界で最初の先物取引所

皆さんは、世界で最初の先物取引所がどこにあったか、ご存じでしょうか？

正解は、日本！　江戸時代、大坂堂島にあった「堂島米会所」です。

「堂島米会所」は、どのように誕生したのでしょうか？

皆さんもご承知のように、江戸時代は米遣い、つまり米中心の経済でした。税金は年貢として「米」で納められ、武士への給料も「米」で支払われていました。

でも、「米」を持ってお買い物に行くのは不便ですよね？

もちろん、当時も現在同様、お金は存在していました。そのため、武士がモノを買う際は、米をお金に換える必要があったのです。ここから両替市場として米相場が誕生しました。

１６５０年頃より、日本一の米問屋である「淀屋」が大坂淀屋橋の南畔にある淀屋邸で開いていた「淀屋米市」にて、組織化された米の先物取引が行われていたそうです。ここで取引されていた米は、諸大名が年貢として受け取った米。諸大名は、米を大坂の蔵屋敷に送り、米市で現金化していました。淀屋米市は、1697（元禄10）年に大坂の堂島に移転し「堂島米会所」と呼ばれるようになります。

ところで、生類憐みの令で有名な5代将軍徳川綱吉以降、幕府財政は急速に悪化。徳川家や大名は、「秋なりもの」といって、まだ収穫されていない米を担保に豪商となった淀屋に借金をするようになります。淀屋の貸付高は、現在に換算すると、徳川家におよそ800億円、諸大名に100兆円という金額だったとか。当時、日本全体で米の実収入は1兆円程度[*1]と推定されますから、年収の100年分となります。ちなみに、2018（平成30）年度におけるわが国の歳入はおよそ98兆円（内、税収59兆円）、普通国債残高は883兆円ですから、国の借金は、税収のおよそ15年分です。[*2]淀屋が大名に貸し付けたお金の莫大さがわかりますね。淀屋は1705（宝永2）年に幕府より闕所処分（財産没収の刑）となります。この事件は、淀屋が諸大名に貸し付けた莫大な借金の棒引きが狙いだったともいわれています。

幕府は、米価が高騰した際には、米の先物取引が米価高騰や物価高を招くとして再三にわたり禁止していたようです。「違反者は死罪」としましたが、効き目はなく、1723(享保9)年には黙認するようになりました。その背景にあったのは、8代将軍吉宗が、財政再建のために行った「享保の改革」です。この改革では、新田開拓が奨励されたため、市場に出回る米の量が増え、米価が下落。米に依存する大名や武士の生活は困窮し、収穫米を担保に掛屋(蔵屋敷を管理する業者)から借金をしたり、大坂の蔵屋敷に保管する在庫を上回る米切手(後述)を発行して資金調達をしたりするようになっていました。幕府は、米市場を黙認することにより、米価が上昇することを期待していたのです。

しかし、享保期に米価が下落した要因には、新田開発による供給増加だけではなく、人口停滞による需要の減退、加えて、米栽培にとって望ましい気象が続いたこともありました。[*3] 幕府の思惑とは異なり、米市場があるから米価が高騰するわけではなかった、ということです。価格は、需要と供給のバランスで決まります。そのため、幕府が米市場を黙認しても、虫害のあった時期を除き、米価は上昇しませんでした。その後、大坂や江戸の商人からの嘆願もあり、幕府はついに米市場を公認することにします。1730（享保15）年、大坂に幕府公認の堂島米会所が設立されました。設立を許可したのは、「大岡裁き」で有名な大岡越前守忠相でした。

ご参考までに、米国にシカゴ商品取引所（現CMEグループ、CBOT）が設立されたのは1848年。堂島米会所の公許から118年後のことです。

＊1　「私の独り言　明治維新を成功させた陰の力―ある大坂豪商と京都の公家の話」大阪大学名誉教授　長谷川　晃／著　大阪大学工業会誌テクノネット

＊2　「日本の財政関係資料（平成30年10月）」財務省

＊3　「大坂堂島米市場　江戸幕府vs市場経済」高槻泰郎／著　講談社現代新書　56ページ

江戸時代の金融システムは、世界最先端!?

当時、諸国の大名は、年貢として納められた米を大坂の蔵屋敷に保管していました。蔵屋敷を管理する掛屋は米切手を発行し、入札を行います。落札した業者（米仲買）には米切手が渡されます。米切手の所有者は、米切手を掛屋へ持参すれば、いつでも、米切手1枚につき10石の米と交換することができました。米切手1枚の数量は10石ですが、正米市場での取引は原則100石単位でした。ただし、売買双方の合意があれば少数の取引も可能だったそうです。その場合、米切手10枚を「丸物」、それより下を「端物」と呼んで取引していました。

また、米切手は、堂島米会所において売却し現金化できるほか、入替両替に差し入れて資金の融資を受けることもできました。入替両替とは、米切手を担保に貸付を行う両替商のことで、資金力のある商人でないとなれないものでした。

堂島米会所には、米の現物市場である「正米市場《しょうまい》」、米の先物市場である「帳《ちょう》合米市場《あいまい》」、帳合米の小口市場である「石建米市場《こくだてまい》」の3種類の市場がありました。

正米市場で取引されていたのは、米切手。米切手は、1枚あたり10石の米との交換を約束した証券です。米切手は、偽造を防ぐため、保管する蔵や米の量などが特殊な書体で書かれていました。また、帳合米市場では、現物の受け渡しを伴わず「買ったものは転売」「売ったものは買い戻し」という差金決済による取引が行われていました。「帳合米」の呼び名は、実際に米の現物を扱わず、帳簿上のみで「売り」と「買い」をつけあわせたことに由来します。

商品業界に長らく携わってきた筆者もごく最近、高槻泰郎先生のご著書『大坂堂島米市場』（講談社現代新書）を拝読して驚いたことですが、帳合米市場は、現在の商品先物取引と異なり、現物の受け渡しを想定していない取引だったそうです。つまり、米の帳合米取引は、現代の商品先物取引よりも、日経225先物取引のような指数先物取引により近い性格を持つ取引だったといえます。

差金決済による取引は、今でこそ世界中のさまざまな取引所で行われていますが、現物の受け渡しを想定しない、差金決済による指数先物取引の原型は、堂島米会所が世界で最初に確立させたといえるでしょう。堂島米会所が「世界初の先物取引所」と呼ばれる所以です。現代の日本において、金融といえば「欧米が最先端」というイメージがあると思いますが、江戸時代は、日本が最先端だったのです。

デリバティブの聖地「堂島」

今、世界の取引所では、国境を越えた提携やM&A（合併・買収）が進んでいます。その鍵となっているのが先物取引をはじめとするデリバティブ（金融派生商品）です。今や、世界の取引所において、デリバティブ取引による収入は、現物株取引のそれを上回ります。

そのデリバティブ取引発祥の地が、日本・堂島の「米の先物取引」であったことは、実は、世界の金融関係者にはよく知られていることです。堂島は、世界的にはデリバティブ取引の「聖地」とされているのです。

米国のCME（シカゴ・マーカンタイル取引所）名誉会長であり、2018（平

日本銀行金融研究所「貨幣博物館」（東京都中央区日本橋）では、江戸時代に大坂の「堂島米会所」で米切手を用いた先物取引が行われ、これを中心とした、お米（現物）とお金の流れが詳細に展示されている

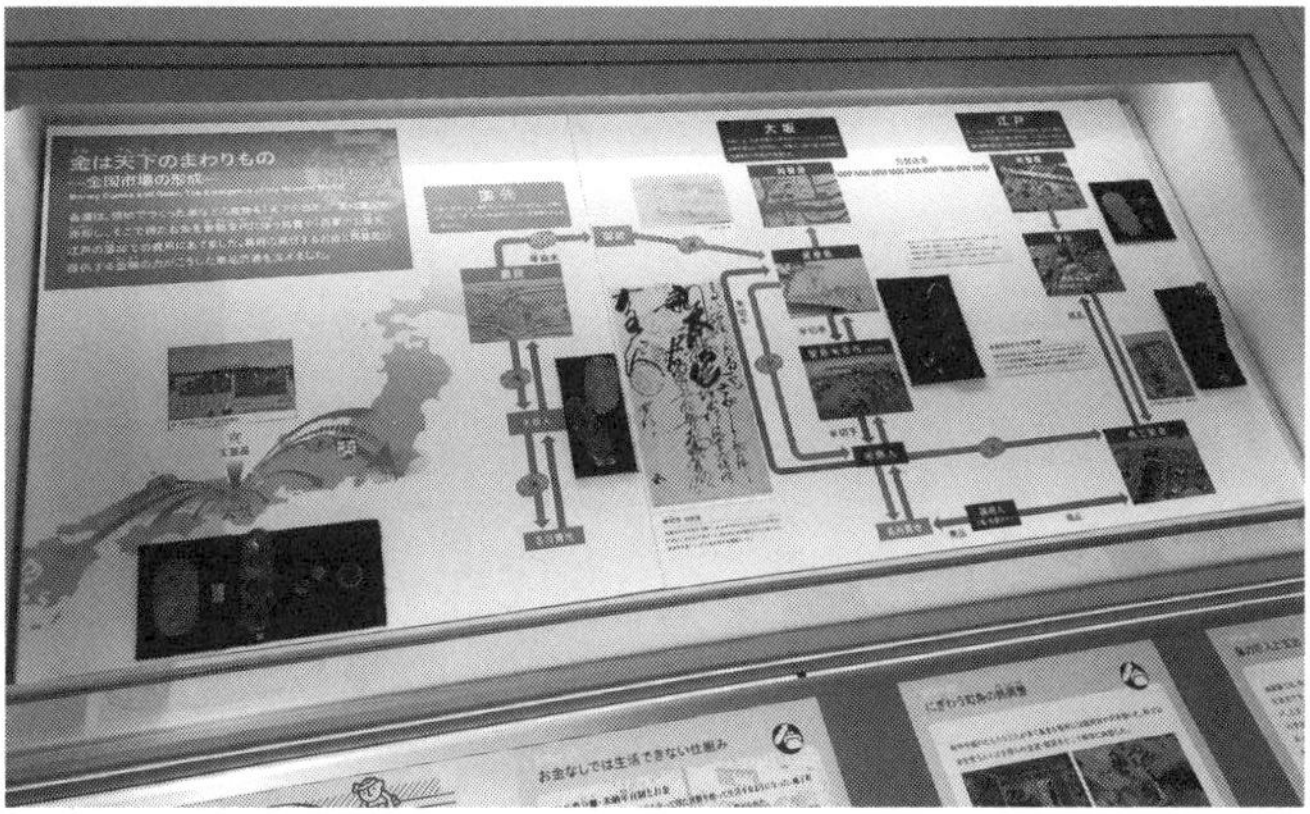

成30）年より本邦金融庁の参与を務める「デリバティブの父」レオ・メラメド氏は、CME市場創設にあたり、江戸時代の大坂堂島米会所のシステムを参考にした、と述べています。メラメド氏は、第二次世界大戦中（当時、7歳）、杉原千畝氏が発行した「命のビザ」で日本に逃れ、その後、渡米したユダヤ人としても有名です。また、日本の先物市場発展への貢献や対日理解促進に寄与した功績により、2017（平成29）年、旭日重光章を受章しています。メラメド氏が来日した際は、大坂堂島米会所跡地に花を手向けたそうです。

今や世界の取引所のシステムは電子化されていますが、ほんの数年前までCMEでも主流の取引手法であった「手振り」による売買や、投資家等が売買の際に利用する過去の価格を可視化したチャート（罫線）も、江戸時代に日本人が考案したといわれています。

このように、世界の金融関係者が「先物取引は日本が世界初」と認め、堂島を「聖地」として崇めているにもかかわらず、日本人でそのことを知っている人は非常に少なく、驚くべきことに金融関係者でも知らない人が少なくありません。

現代の日本では、「もともと日本人は貯蓄好き」「日本人に資産運用は馴染まない」ということを言う人がいらっしゃいます。筆者に言わせればそれは大間違いです。

日本人に「貯蓄は美徳」という意識が生まれたのは、戦後、復興のための資金を民間から吸い上げることを目的に、1945（昭和20）年、「戦後ニ於ケル国民貯蓄増強方針」により、政府が貯金を奨励したことがはじまりです。その意識は、戦後、ほんの70年余りの間に刷り込まれたものです。

江戸時代、日本が世界最初の組織的な先物取引システムを確立させたことを、日本国民はもっと知るべきであり、そのことにもっと誇りと自信を持ってもいいのではないかと思います。

なぜ、日本が世界で最初に先物取引を考案できたのか？

日本人は、およそ300年も昔に、世界に先駆けて組織的な先物取引の仕組みを確立させました。そのような高度な取引ができるようになったのは、なぜでしょう？

その背景には、当時の日本人にとって米が主食であると同時に貨幣でもあったことが挙げられるでしょう。前述したように、先物取引は、米の両替市場から発展しました。

また、江戸時代の貨幣体制は、「米遣い、金遣い、銀遣い」といわれるものでした。経済の中心は米であったものの、地域によって流通する貨幣が異なっていたのです。江戸を中心とする東国は、両・分・朱という単位で表される金貨、大坂を中心とする西国は、銀何匁というように、銀貨の重さで価値を示す丁銀《ちょうぎん》、豆板銀などの銀貨が使用されていました。これは「東の金遣い、西の銀遣い」といわれました。加えて、全国のおよそ8割に相当する藩が独自の貨幣を発行していたため、非常に複雑な貨幣体制を有していたのです。

現代に置き換えて考えると、東京では「円」、大阪では「ドル」が使われ、それとは別に各県限定の貨幣がある、といったイメージです。

幕府は、「1両＝銀60匁」という公定換算値を定めていました。しかし、実際には、日々動く相場に応じて、金銀の両替がなされました。銀と金とを両替する際の手数料と、相場の値動きの双方が両替商の儲けにつながりました。

このように、複雑な貨幣体制とそれらの価格変動リスクを回避する必要性から、先物取引が発展していったのです。

さらに、これは筆者の推測ですが、当時の教育水準の高さもあったのではないかと思われます。徳川綱吉が5代将軍となった1685年頃より、政治が安定し、平和の世が到来します。それに伴い、産業、交通、都市が発達し、経済は急速に発展を遂げていきます。

綱吉が学問を好み、湯島の聖堂学問所などを整備したことは有名です。同時に、民間においても、私塾や寺子屋が多数営まれ「読み書き算盤」などの初等教育が行われました。江戸時代後期には、寺子屋の総数は全国に1万超あったとも、10万超あったともいわれます。これら寺子屋の存在が当時の日本人の知的水準を底上げしていただろうと想像できます。

日本人の識字率の高さについては、江戸時代後期の文献ではありますが、黒船で来航したペリー総督や幕末近くに北方領土で捕まったロシア人ゴロヴニンの日記からも推測できます。これらの日記には、当時の日本において、男性だけではなく女性も読み書きができることや、店頭で小説や物語等の書物が販売され、一般の人が購入していることが驚きを持って記されています。

ただ、武士等の支配階級の識字率は100％近かったと推測できますが、残念ながら、それ以外の階級の人たちの識字率がどの程度であったのかについて、確たるデータはありません。参考までに、ほぼ同じ年代のフランスの自著率は男性で47・1％、女性で26・9％でした。これは結婚証明書に署名ができたか否かの調査結果です。ここから、恐らく江戸時代の識字率は、欧米のそれと比して高い水準であっただろうと思われます。

「読み書き算盤」は、論理的思考や想像力を鍛えます。これが、日本人が世界に先駆けて、目の前にない将来のモノを売買する先物取引、値上がり値下がりといった価格変動リスクを市場へ転嫁することにより回避する、といった考えを編み出したのではないかと思います。

堂島の精神を受け継ぐ、日本唯一の米先物市場

現代においても、江戸時代から続いてきた堂島米会所の精神を受け継ぐ取引所が存在します。それは「大阪堂島商品取引所」です。

米の先物市場は、大正時代後期頃より、戦争を背景に、国家の統制が強くなっていきました。それに伴い、商品取引所は、実質、機能停止状態に陥っていきました。１９３９（昭和14）年、米の取引所がすべて閉鎖され、その後、全国のすべての商品取引所も閉鎖されてしまいました。

終戦後、商品取引所は再開されましたが、米の先物取引は復活することなく、昭和が終わりました。

２０１１（平成23）年8月8日、米の先物取引は、当時の関西商品取引所（現・大阪堂島商品取引所）、東京穀物商品取引所に試験上場という形で復活しました。

米の先物市場が復活するまで、実に、72年の歳月を要したことになります。

試験上場とは、1990（平成2）年に導入された制度で、主務大臣（米の場合、農林水産大臣）の認可により、試験的に商品を上場して生産や流通への影響等を検証するものです。試験上場期間経過後に、本上場を申請するか、本上場を取りやめるかを決定します。試験上場制度を経て上場に至った主な商品としては、トウモロコシ、パラジウム、ガソリン、灯油等が挙げられます。

2011（平成23）年に2年の期間を定め試験上場とされた米は、本来であれば、2013（平成25）年には上場の可否が決まるはずでした。ところが、その後、2013（平成25）年、2015（平成27）年、2017（平成29）年、2019（令和1）年と試験上場が4回延長され、現在は5回目の試験上場期間中です。

本上場に移行するためには、①十分な取引量が見込まれること ②生産・流通を円滑にするために必要かつ適当であること ①②の条件をいずれも満たす必要があります。

米先物取引が本上場に至らなかった背景には、試験上場開始以降、米先物取引の取引量は順調に増加していたものの、2018~2019年に伸び悩んでいたことがあるようです。また、米の価格決定権を失いたくない米生産者団体の反対や農業票に伴う政治的な要因もあったようです。

一方、農家などの生産者、流通業者等の当業者の参加総数は、試験上場開始時の85から、2019（令和1）年には161とほぼ倍増しています。先物取引が持つ、価格変動リスクのヘッジ機能や在庫機能、売り先の拡充等の利用方法が農家などの生産者、流通業者等の当業者に認知されてきた証でしょう。

デリバティブの「聖地」である「堂島」で、その発祥となった米の先物取引。その精神が失われることのないよう、今後も農家などの生産者、流通業者の参加が増え、「堂島」が世界に発信できる米の先物市場となることを期待しています。

世界における取引所の潮流

世界の先物取引は、農産物のリスク管理の必要性から発生しました。その後、貴金属、原油、電力などに発展し、それが株式、金利、外国為替に応用されていきました。

２０００年代に入ってから、世界の取引所は、取引所間のＭ＆Ａや国際連携等が進んでいます。たとえば、有名なものとしては、インターコンチネンタル取引所（ＩＣＥ）によるＮＹＳＥユーロネクストの買収、香港取引所によるロンドン金属取引所（ＬＭＥ）の買収などがありました。世界レベルで取引所の再編が行われるようになった当初は、規模の拡大・効率化を目的に行われていましたが、昨今では、収益源の多様化のために手数料収入の増加のみならず、情報・データの販売のための再編・買収等が行われるようになっているようです。

世界における商品デリバティブ市場の取引高はアジアを中心に増大し、２００４（平成16）年から２０１７（平成29）年までの13年間でおよそ8倍に膨らみました。その背景には、取引所が電子システムの改良、取引時間の24時間化などに積極的に取り組み、前述したような国境をまたいだ取引所間のM＆Aや国際連携が行われた、ということが挙げられます。加えて、商品ETF（上場投資信託）に代表される、商品と金融とを融合させた投資商品の登場が市場の流動性を拡大したことも要因の一つです。

一方、日本における商品先物取引の売買高は２００３年度以降、減少傾向となり、２０１７年度までの14年間でおよそ8割減少しています（図表２‐１）。その背景には、２００５（平成17）年の法改正により営業勧誘規制が強化されたことにより個人投資家の取引が大幅に減少したことが挙げられます。また、海外と比べ、事業者の取引参入が少ないことも取引量の減少に拍車をかけました。さらに、海外と異なり、同じ先物であるにもかかわらず、商品先物の中の農産品は農林水産省、工業品は経済産業省、金融・証券先物は金融庁と、管轄する省庁や法律が異なる「縦割り行政」という特殊事情等が取引所の再編を遅らせたといえます（図表２‐２）。

図表２−１　世界の商品市場の出来高の推移

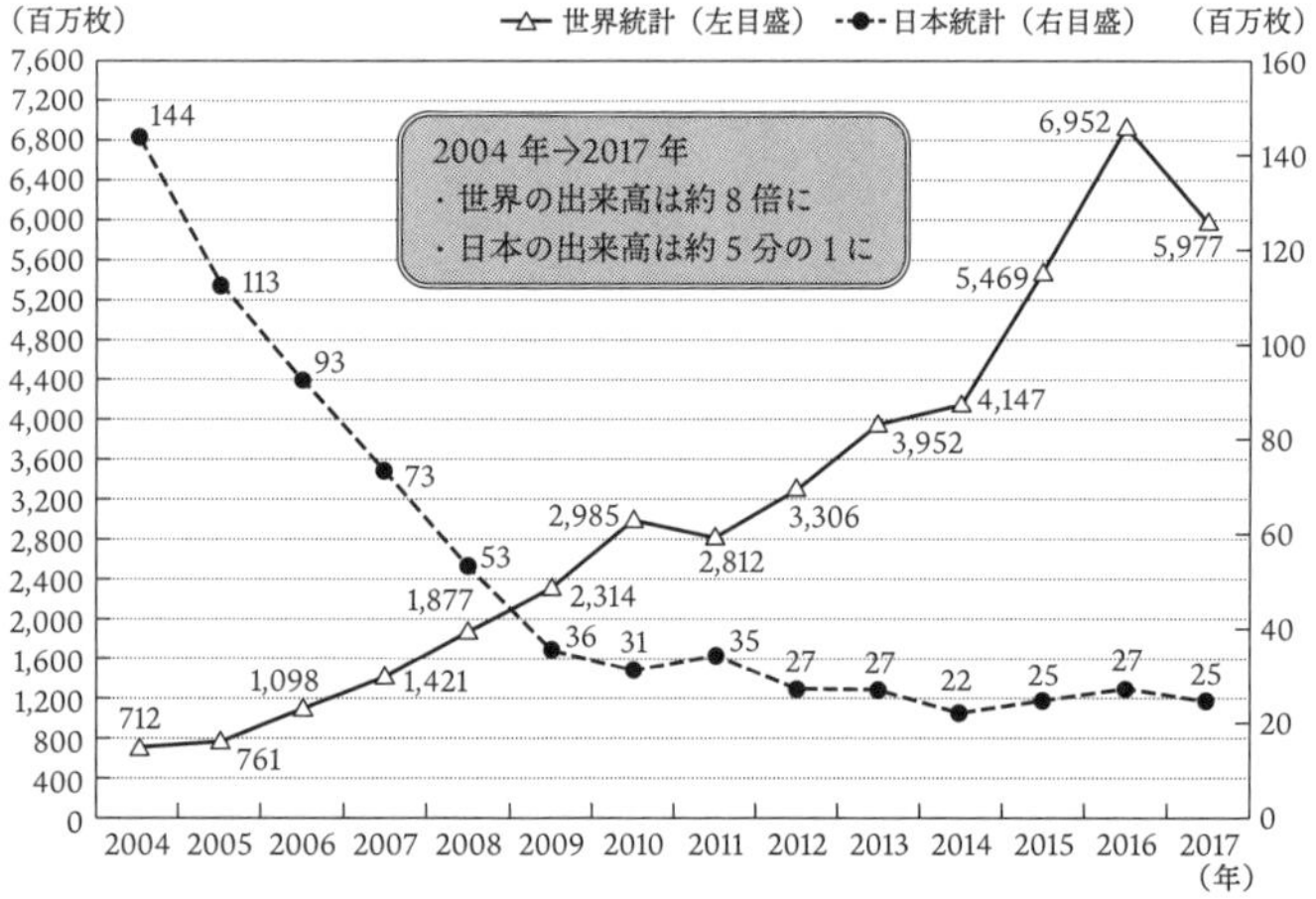

（出所）世界：世界先物取引業協会、日本：日本商品清算機構
（注）　年間値

資料：金融審議会「市場ワーキング・グループ」（第18回）事務局資料より

現在、世界最大のデリバティブ取引所はシカゴ・マーカンタイル取引所（ＣＭＥ）ですが、世界において存在感を示している取引所は、いずれも証券と商品を一括し、現物・デリバティブ双方を取引できる総合取引所です（図表２-３）。

「世界に大きな市場があるのであれば、商品先物市場を利用したい人はそこを使えばいい。日本には商品先物市場は必要ない」

図表2－2　証券・金融と商品との法律、監督官庁の違い

法令	金融商品取引法
監督官庁	金融庁
参加者	金融商品取引業者

日本取引所グループ
（JPX）

東京証券取引所

■現物株式

大阪取引所

■金融デリバティブ
－株価指数
－海外指数
－債券
－個別株　等

法令	商品先物取引法
監督官庁	経済産業省・農林水産省
参加者	当業者・商品先物取引業者

東京商品取引所
（TOCOM）

■商品デリバティブ
－貴金属
－石油
－ゴム
－農産品

資料：金融審議会「市場ワーキング・グループ」（第24回）大阪取引所提出資料より作成

図表２－３　世界の主な取引所の現状

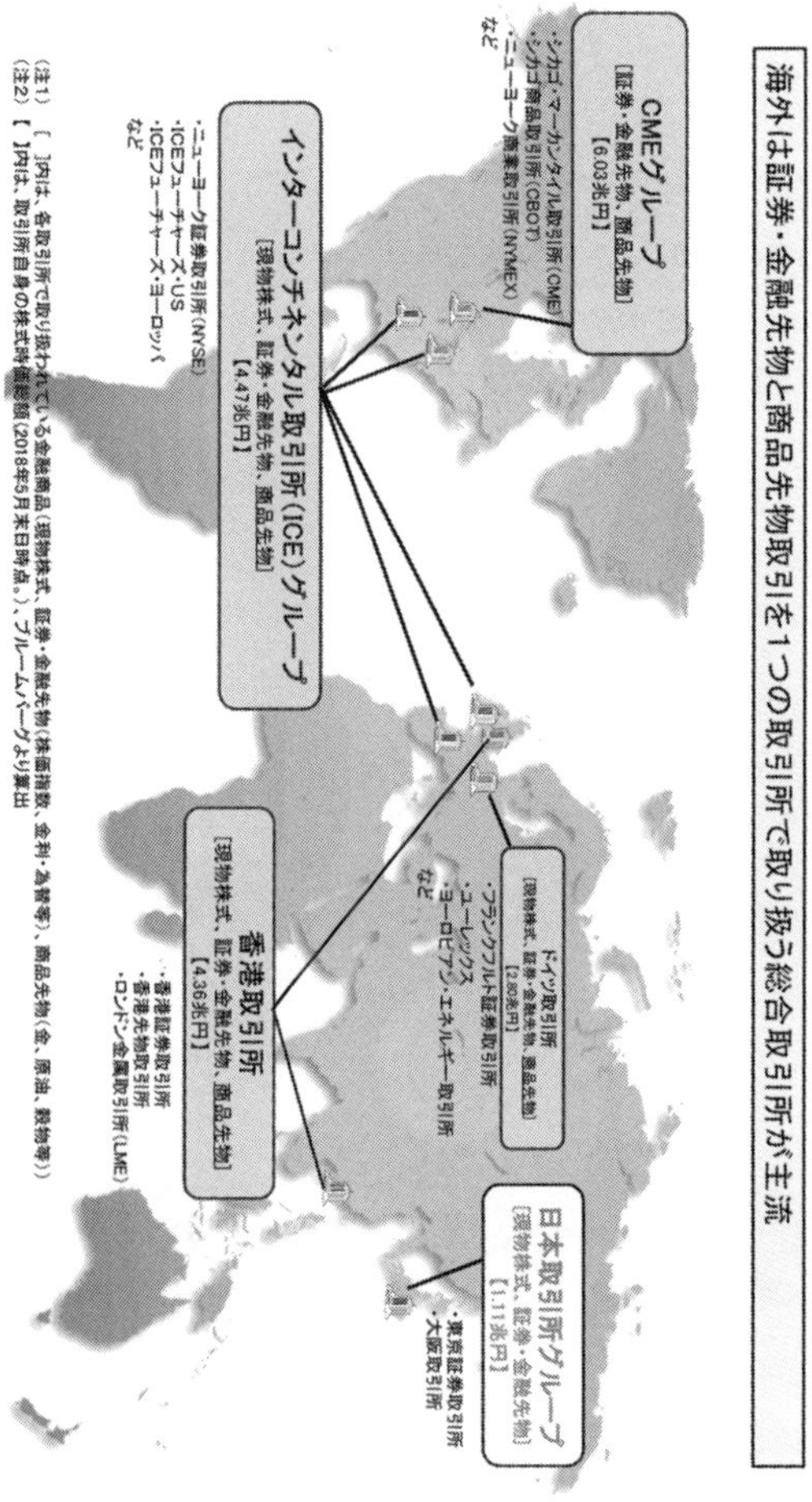
海外は証券・金融先物と商品先物取引を1つの取引所で取り扱う総合取引所が主流
CMEグループ
[証券・金融先物、商品先物]
【6.03兆円】
・シカゴ・マーカンタイル取引所(CME)
・シカゴ商品取引所(CBOT)
・ニューヨーク商業取引所(NYMEX)
など
インターコンチネンタル取引所(ICE)グループ
[現物株式、証券・金融先物、商品先物]
【4.47兆円】
・ニューヨーク証券取引所(NYSE)
・ICEフューチャーズ・US
・ICEフューチャーズ・ヨーロッパ
など
ドイツ取引所
[現物株式、証券・金融先物、商品先物]
【2.80兆円】
・フランクフルト証券取引所
・ユーレックス
・ヨーロピアン・エネルギー取引所
など
香港取引所
[現物株式、証券・金融先物、商品先物]
【4.36兆円】
・香港証券取引所
・香港先物取引所
・ロンドン金属取引所(LME)
日本取引所グループ
[現物株式、証券・金融先物]
【1.11兆円】
・東京証券取引所
・大阪取引所
(注1)[ ]内は、各取引所で取り扱われている金融商品(現物株式、証券・金融先物(株価指数、金利・為替等)、商品先物(金、原油、穀物等))
(注2)【 】内は、取引所自身の株式時価総額(2018年5月末日時点。)、ブルームバーグより算出

資料：金融審議会「市場ワーキング・グループ」(第18回)事務局資料より

と思う方もいらっしゃるかもしれません。
しかし、詳しくは後述しますが、商品先物市場を国内に維持することは、「国策」として非常に重要なことなのです。

過去にもあった⁉　総合取引所

２００７（平成19）年11月、証券と商品の総合取引所構想が打ち出されました。同年11月30日、経済財政諮問会議において、金融庁、経済産業省、農林水産省が証券取引所と商品取引所の経営統合、資本提携を可能にする方向性で一致しました。

２０１２（平成24）年３月９日には、第１８０回国会に「金融商品取引法等の一部を改正する法律案」が提出されました。その概要は、①「総合的な取引所」の実現に向けた制度整備　②店頭デリバティブ取引等の公正性・透明性の向上　③適切な不公正取引規制の確保　からなります。①に関しては、証券・金融・商品を横断的に一括して取り扱う「総合的な取引所」の実現に向け、商品先物を金融商品取引法上の「金融商品」と位置付け、これまで金融庁、農林水産省、経済産業省に分かれていた規制・監督を「総合的な取引所」については金融庁に一元化する等の制度を整備するというものでした。

その後、紆余曲折がありましたが、2019（令和1）年9月25日、日本取引所グループ（JPX）は、東京商品取引所に対してTOB（株式公開買い付け）を実施しました。

同年11月1日には完全子会社化した後、東京商品取引所に上場する貴金属、農産物、ゴムについては同グループ傘下・大阪取引所に移行し、2020年度上半期には、証券と商品を一体で取引する総合取引所を発足させる見通しとなっています（図表2‐4）。

ただし、現段階においては、大阪堂島商品取引所や東京金融取引所については、総合取引所構想に移行する議論はないようです。

実は、あまり知られていないようですが、過去に、証券と商品が同じ取引所で

図表2－4　日本取引所グループの構造

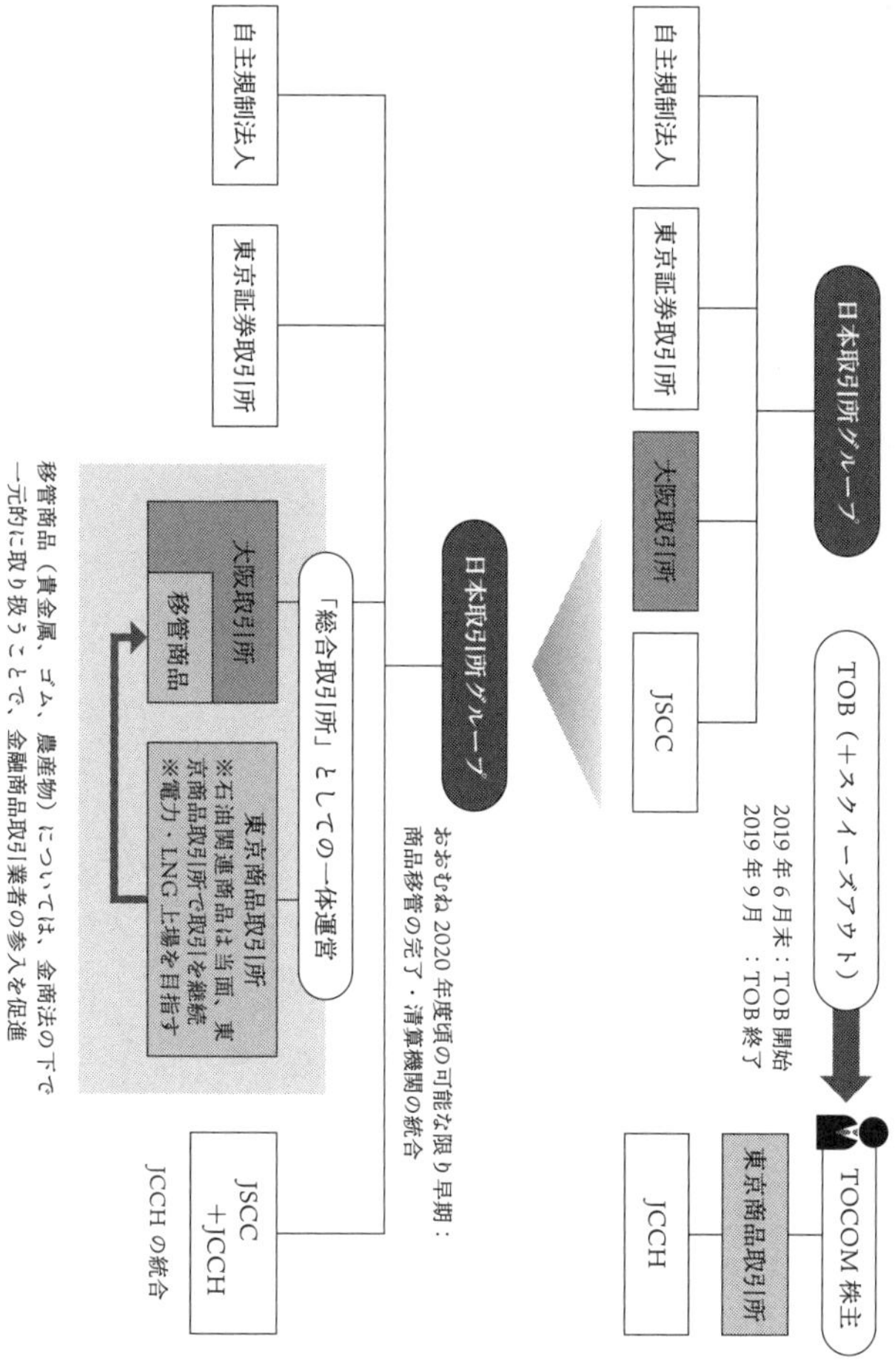

資料：金融審議会「市場ワーキング・グループ」（第24回）大阪取引所提出資料より作成

取引されていた時代がありました。明治26年、証券と商品は「取引所法」という法律の下に一本化されていたのです。たとえば「神戸米穀株式外四品取引所」「西宮米酒」「若松石炭米穀」「岡山米いぐさ株式」「掛川米穀製茶」「長岡米穀株式石油」「函館米穀塩海産物株式」等、今から考えると面白い名称の取引所も存在しました。名称から見る限り、当時における取引所の主要な上場商品は米。加えて地域の特産品、次いで株式が上場されていたようです。どうやらこの時代は、株式取引はまだ投資の中心ではなかったようです。

それもそのはず、商品先物取引は、株式投資の先輩だったからなのです。前述したように、日本において組織的な商品取引所が誕生したのは江戸時代です。ご承知のように、この時代、株式会社はまだ存在していません。現代では「投資」といえば株式や債券が一般的です。しかし、日本に証券取引所が誕生したのは、なんと堂島米会所設立から148年以上も後のことです。

日本の証券取引所は、1878（明治11）年、「株式取引所条例」という法律の下に設立されました。実は、この条例、1876（明治9）年に施行された「米会所条例」と欧米の株式取引条例を参考に作られたものなのです。

ちなみに、わが国史上最多の取引所数を記録したのは1898（明治31）年です。当時は、取引所乱立時代であり、なんと、およそ130カ所[*1]もの取引所があったのです。

＊1　当時の取引所数は、東京証券取引所によると137カ所。一方、『東京米穀取引所史』東京穀物商品取引所／編・発行によると128カ所とある。

中国・大連商品取引所に米が上場された！

「中国証券監督管理委員会が大連商品取引所（DCE）の「ジャポニカ米」上場を認可」

2019（令和1）年7月、驚くべきニュースが飛び込んできました。中国が上場を認可したのは、偶然にも、大阪堂島商品取引所が米先物取引を本上場すると決めた日と同じ7月5日です。[*1]

中国は2019年8月16日から「ジャポニカ米」の取引を開始する、とのことです。これに関して、ニュースで取り上げた国内の大手報道機関は、ほとんどなかった模様です。残念なことに、日本人の関心の低さ、危機感のなさが感じられます。

中国は、現在、世界最大の米生産・消費国です。しかし、主流はインディカ米であり、ジャポニカ米の生産は3割程度にすぎません。[*2] しかも、中国では、2013（平成25）年11月に農産物取引の中心地にある鄭州商品取引所にジャポニカ米を上場したものの、取引量は盛り上がりに欠ける状態が続いている様子です。

それなのに、なぜ今この時期に、中国を代表する大連商品取引所でジャポニカ米を上場するのでしょうか？

一つには、中国では、従来、インディカ米が主流であったものの、国民の所得・生活水準の向上、安全・安心な食品を求める意識の変化に伴い、ジャポニカ米の消費が増加傾向にあるということです。米は、中国の主食のおよそ6割を占めます。そのため、食料安全保障という面でジャポニカ米が重要な地位を占めつつあり、中国当局もその生産に対し、技術、金融、その他さまざまな面から強力に支援しているという背景があります。

もう一つ、これは、筆者の推測ではありますが、資本主義国の日本よりも、社会主義国の中国のほうが資本主義社会の弱点をよく理解しているからではないかと思います。

資本主義社会に先物市場は不可欠な存在です。一方、現在の中国の経済体制は「統制経済」であり、かつ、当局の表現を借りれば「市場社会主義」です。そのため、一般的には先物市場とは整合的ではないとされます。

なぜならば、統制・計画経済の下では、モノの価格や生産数量を当局が決定するからです。一方、資本主義社会において、これを調整するのは市場の役目です。「価格」が需要と供給を調整するのです。従って、「価格」は重要なシグナルといえます。

*1　大阪堂島商品取引所は、後日、試験上場延長に切り替えて申請しました。
*2　「主要国の農業情報調査分析報告書（平成25年度）第2章　中国におけるジャポニカ米の生産・流通動向」農林水産省ホームページ

民主主義の敗北

世界の三大穀物は、トウモロコシ、小麦、米です。トウモロコシ（およそ10・7億トン）が最も生産量が多く、次いで小麦（およそ7・3億トン）、米（およそ4・9億トン）の順です。[*1]

トウモロコシ、小麦の国際的な指標価格として取引の基準になっているのは、米国・シカゴのCMEグループに属するシカゴ商品取引所（CBOT）の先物価格です。

トウモロコシについて、世界最大の生産・消費国は米国であり、同2位は中国です。また、世界最大の輸出国は、米国、ブラジル、アルゼンチンです。ちなみに、中国は、生産・消費ともに世界第2位であるものの、自国内で消費してしまうため純輸入国です。

また、世界の小麦生産・消費国は、EU諸国、中国、インドで、ほぼ半数を占めています。一方、輸出国については、EU諸国、米国、ロシア、カナダ、オーストラリアが8割近くを占めています。中国・インドは、ほぼ自国で消費しているという特徴があります。*2

米国・シカゴ商品取引所（CBOT）の先物価格が国際的な指標価格となっているのは、前述のデータを見ればおわかりの通り、米国が世界最大の穀物生産・輸出国であるからです。指標価格を持つ米国には、世界各国からトウモロコシ・小麦の情報が集まってきます。

また、指標価格を決める市場が米国にあるということは、言い換えれば、トウモロコシ・小麦の「価格決定権」を米国が握っているということです。たとえば、ブラジルやアルゼンチンで生産されるトウモロコシであっても、CBOTの指標価格を基に値決めされます。従って、トウモロコシ・小麦に関連したビジネスを行う際、米国は非常に有利な立場にあります。

それでは、私たちの主食である米は、どうでしょうか？

米は、中国・インドが世界生産のほぼ5割を占めています。消費国トップも中国・インドです。一方、輸出国は、インド・タイ・ベトナムがトップ3です。中国は、米の生産量が世界一である一方、世界一の輸入国でもあります。日本はというと、生産は世界第10位（世界生産のおよそ1・6％）、消費は世界第9位です。[*3] 世界の米生産・消費量は、アジアが8割を占めており、今後も拡大する見通しです。[*3]

ちなみに、世界における米生産の8割は、インディカ種と呼ばれる米です。私たち日本人が普段、口にする米はジャポニカ種です。

実は、ジャポニカ種の米について、国際的な指標価格とされるものは、ありません。

大連商品取引所（ＤＣＥ）の「ジャポニカ米」は、２０１９（令和１）年８月

16日から取引が開始されています。前述したように、日本では、2011（平成23）年8月8日より、米先物取引が試験上場されていますが、本稿執筆時点（2019年末）において、将来の本上場の可否は不明です。

もし、大連商品取引所（DCE）の「ジャポニカ米」の取引量が増大し、国際的な指標価格となった場合、つまり、中国が米の「価格決定権」を握った場合、どのような事態になるでしょうか？

それは、日本で生産され、消費される、日本人にとって主食である米の価格が「中国で決められる」ということを意味します。これは、国難レベルの問題といえるのではないでしょうか。資本主義国である日本が、国内で米の「価格決定権」を巡って争い、市場の是非を論じている間に、社会主義国の中国に「価格決定権」をさらわれる、その危機が目の前に迫っているのです。

一般的には、民主主義と資本主義の親和性が高く、社会主義と資本主義の親和性は低い、と考えられています。もちろん、私は、経済学者でも社会学者でもありませんので、これに関する議論は、学識者の諸先生方に譲ります。

ご存じの通り、資本主義とは、その名の通り「資本」が上位にある経済体制といえます。これはあくまでも私の推測でしかありませんが…、「市場社会主義」国家である中国は、国家という強大な「資本」を使って、資本主義経済の基本構造を支える「市場」を支配しようとしているような気がしてなりません。

1981（昭和56）年、米国で、レーガン政権の農務長官ジョン・ブロック氏は「食糧は武器である」と述べたそうです。[*4] 当時、核、石油に次いで食糧は、「第三の武器」[*4] といわれたそうですが、今もそれは変わっていないように思えます。

中国が米の「価格決定権」を握る日、それは日本の国難が始まる日であり、民主主義が社会主義に敗北した日となるのかもしれません。

そうならないために、国内の米に関わる人々が一致団結し、聖地「堂島」を旗印に、日本の米先物市場を世界に向けて価格発信できる市場に育てていくことが期待されます。

＊1 「農産物取引の基礎知識 2019ver. 1. 2」東京商品取引所

＊２　「生産量と消費量で観る世界の小麦事情」農林水産省ホームページ
＊３　「世界の食料需給の動向と中長期的な見通し―世界食料需給モデルによる２０２８年の世界食料需給の見通し　平成31年３月」農林水産省
＊４　「穀物メジャー―食糧戦略の「陰の支配者」―」石川博友／著　岩波新書

【コラム】　商品から見える世界情勢

「石油の一滴は血の一滴」

この言葉をお聞きになったことは、ありますか？

これは、１９１７（大正６）年、第一次世界大戦でドイツの猛攻にあったフランスの首相クレマンソーが、石油の供給を要請する米国大統領ウィルソン宛の電報に記した言葉です。石油の経済的・軍事的な重要性を意味する言葉として有名です。

日本は、原油の８割強を中東諸国に依存しています。原油は、中東諸国からどのように運ばれてくるのかご存じでしょうか？

中東諸国からイランとサウジアラビア間にあるホルムズ海峡を抜けてインド洋に出た後、マラッカ海峡を抜けて日本に到着するまでおよそ1万2000キロメートルあります。必要とされる日数は、大型タンカーで片道およそ20日です。積み下ろしを加えると往復45～50日かかります。ちなみに、この大型タンカー1隻で運べる原油は、日本の原油輸入量のおよそ半日分です。

サウジアラビア、アラブ首長国連邦、カタール、クウェート、イラン等、日本にとって主要輸入国からの原油は、このホルムズ海峡を通過します。この海峡を通過する日本向け原油は、日本の輸入量のおよそ8割に相当します。しかし、このホルムズ海峡に通行障害が発生した場合に、代替できるルートはありません。

また、マラッカ海峡は水深が浅いことに加え、海賊が出没する危険度の高い地域です。この海峡を迂回する場合、さらに南下することになりますが、航路によって日数は1・5日から3日ほど増え、当然、燃料も余分に必要となります。

さらに、近年、中国が南シナ海で埋め立てを進めている西沙（パラセル）諸島（図表①）、南沙（スプラトリー）諸島（図表②）、ルコニア礁（図

Column

中東からのオイルロード

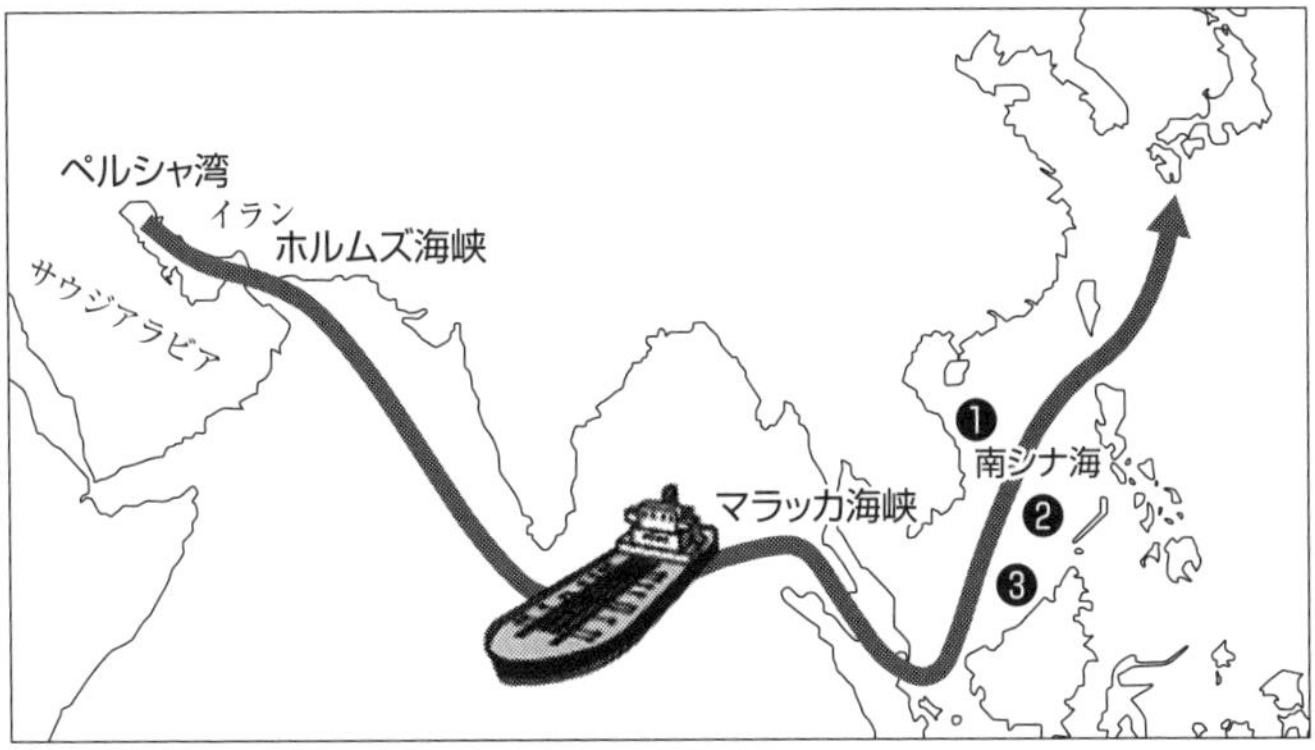

資料：「検定試験テキスト—エネルギー取引の基礎知識—」東京商品取引所に執筆者が加筆し作成

表③）は、このオイルロード上にあります。

もし仮に、中国が南シナ海における制空権、制海権を握り、加えて、米の「価格決定権」を握った場合には、どうなるでしょうか？

それは、過去の歴史が教えてくれています。

１９４１（昭和16）年８月、日本の中央官庁・陸海軍・民間から成る総力戦研究所が対米戦を分析し首相官邸で発表した結論は、「石油が底をつき、日本は敗戦する」というものでした。石油という軍事・経済の生命線を握っている米国は、日本にとって一番戦いたくない相手であっただろうと思われます。

しかし、1937（昭和12）年の日中戦争開戦以降、日米関係は悪化の一途をたどり、米国は日本に対し、さまざまな経済制裁を加えていきます。米国・英国・中国・オランダによる、いわゆる「ABCD包囲網」です。これをきっかけとして、日本は敗戦を覚悟して戦争に突入していくのです。

もし仮に、中国が南シナ海における制空権、制海権を握り、加えて、米の「価格決定権」を握った場合、先の大戦時に米国がそうだったように、中国は、いつでも、経済的にも軍事的にも、そして食糧的にも日本の息の根を止めることができる、日本の生殺与奪権を握る恐れがあるといえるでしょう。昔から、戦に勝つための必須条件は、「最新の武器、燃料、食糧」といわれます。つまり、中国は、言葉通り、戦わずして日本に勝つことができる、日本を意のままに操ることができるようになるといえます。

中国は、建国百年にあたる2049年に世界最大の富強国家の実現を目指しているといいます。もちろん、日本の先に見えている標的は、世界最大の経済・軍事大国である米国でしょう。

日本の経済にとってなくてはならない原油は、過去においても現代においても、非常に不安定な環境にあります。原油と米という、核に次ぐ、第二、第三の武器を巡る経済戦争は、すでに始まっているといっても過言ではありません。日本は、もっとそのことに危機感を持つべきではないでしょうか。

第3章

商品先物市場のしくみ

本章では、商品先物取引の仕組みについて、説明いたします。

商品先物取引法

まず、知っておいていただきたいことは、商品先物取引は「商品先物取引法」という法律に基づいた取引である、ということです。

従来、商品先物取引を規制する法律は、取引所取引または取引所外取引、国内取引または海外取引によって規制が異なっていました。国内商品取引所における取引は、「(旧) 商品取引所法」により規制されていました。ところが、商品を対象としたデリバティブ取引は、海外取引所取引や店頭取引といった形態でも行われるようになるなど多様化し、さらに、海外取引所取引や店頭取引(いわゆる「ロコ・ロンドンまがい取引」など) のトラブルが急増したことに伴い、これらの取引を包括的に規制する法律が誕生しました。

それが2011 (平成23) 年1月1日施行「商品先物取引法」です。同法では、国内の商品先物取引は「商品取引所法」、海外の商品先物取引は「海外商品市場における先物取引の受託等に関する法律」、店頭取引等は「特定商取引に関する法律」と分かれていた規制を一本化、包括的に「商品デリバティブ取引」と規定し、規制対象としました。

ただし、本書でご説明するのは、国内の商品取引所で行われる商品先物取引に限定しています。

商品先物取引の特徴

商品先物取引には、どのような特徴があるのでしょうか？　主な特徴は、次の5点です。

（1）取引所取引

（2）証拠金取引

（3）売りから取引できる
（4）決済期限がある
（5）現金のほか、株式や国債などの有価証券を利用できる

（1）取引所取引

投資家が上場株式を取引する際には、証券会社を通じて「証券取引所」に注文を出します。投資家が直接、証券取引所に行って注文を出すことはできません。現在、証券取引所は全国に5カ所あります。日本取引所グループ（ＪＰＸ）傘下の東京証券取引所、大阪取引所に加え、札幌証券取引所、名古屋証券取引所、福岡証券取引所です。これら証券取引所は金融庁の管轄下にあります（図表2‐2）。

商品先物取引の売買も上場株式と同様、商品先物取引業者等を通じて「商品取引所」で行われます。商品取引所の開設には、主務大臣（経済産業大臣または農林水産大臣）の許可が必要です。２０１９（令和１）年10月現在、国内には日本取引所グループ（以下、ＪＰＸ）傘下の東京商品取引所、大阪堂島商品取引所の

二つの商品取引所があります。前者は、経済産業省、農林水産省の共管であり（図表2‐2）、後者は農林水産省の管轄です。

ただし、第2章で説明したように、東京商品取引所に上場する貴金属、農産物、ゴムについては、ＪＰＸグループ傘下・大阪取引所に移行する予定です（図表2‐4）。そのため今後、国内の商品取引所は3カ所になる予定です。

投資家や当業者が商品先物取引を行う場合には、商品先物取引業者または商品先物取引仲介業者に委託します。商品先物取引業者は、主務大臣の許可を受けた会社です。また、商品先物取引仲介業者は、商品先物取引業者の委託を受けて、媒介を行うことを業とし主務大臣の登録を受けた者（個人または法人）です。ただし、商品先物取引仲介業者が顧客から金銭・有価証券の預託を受けることは禁止されています。

なお、商品先物取引業者または商品先物取引仲介業者に所属して営業活動を行ったり、売買注文を受けたりする従業員は、日本商品先物取引協会に登録した外務員です。

（2）証拠金取引

商品先物取引は、総取引金額のおよそ3〜10％程度の資金で取引を開始することが可能です。この資金のことを「証拠金」といいます。逆にいえば、資金の10〜30倍近い取引ができるということです。そのため、非常に資金効率が良い取引といえます。このことから、商品先物取引は「てこの原理（レバレッジ）」を使った取引といわれます。

半面、現物取引に比べ、利益・損失ともに大きくなる傾向があります。そのため、資金に余裕を持って取引する必要があります。

具体例で見てみましょう。

例1

小売業者A社は、今後、米価が高くなるのではないか、と懸念している。

そこで、秋田こまちを先物取引で2枚（204俵×2取引単位）、1万4000円で買った。

この時、必要な証拠金は1枚あたり5万円×2枚＝10万円だった。

その後、米価が上昇したため、1万5000円で転売した。

この時、利益は、
（1万5000円－1万4000円）×204俵×2枚＝40万8000円
仮に、米現物408俵を買って同様の利益を追求しようとする場合、
1万4000円×408俵＝571万2000円
の資金が必要となります。一方、先物取引で秋田こまちを取引する場合、当初必要な資金である証拠金は1枚あたり5万円×2枚＝10万円のみです。
米現物も米先物も、その価格は連動するためほぼ同様となります。そのため、

どちらを利用して投資を行っても利益はほぼ同じです。従って、現物投資に比べると、先物取引のほうが資金効率は良いといえます。

しかし、相場というものは、常に利益になるとは限りません。では、予想に反して価格が下落し、損失となった場合はどうなるのでしょうか？

例2

小売業者A社は、今後、米価が高くなるのではないか、と懸念している。

そこで、秋田こまちを先物取引で2枚（204俵×2取引単位）、1万5000円で買った。

この時、必要な証拠金は1枚あたり5万円×2枚＝10万円だった。

ところが、予想に反して、米価が下落したため、損失を覚悟し1万4000円で転売した。

例1と全く逆のパターンです。損失は、

（1万4000円－1万5000円）×204俵×2枚＝▲40万8000円。

ここで、最初に出した証拠金がいくらか思い出してください。そう、2枚の取引なので証拠金10万円です。

10万円－40万8000円＝▲30万8000円
つまり、30万8000円の資金不足となってしまいます。当初必要な資金は10万円と少額であっても、動かしている資金は米408俵分、600万円前後の資金となります。それに伴う損益が発生するため、証拠金に比して利益も大きくなる半面、損失も大きくなります。例2のように、当初資金を上回る損失となることもあるため注意が必要です。そのため、商品先物取引には重要なルールがあります。これについては、本章後半で説明します。

（3）売りから取引できる

図表３−１　受渡決済と差金決済

①価格上昇を予測

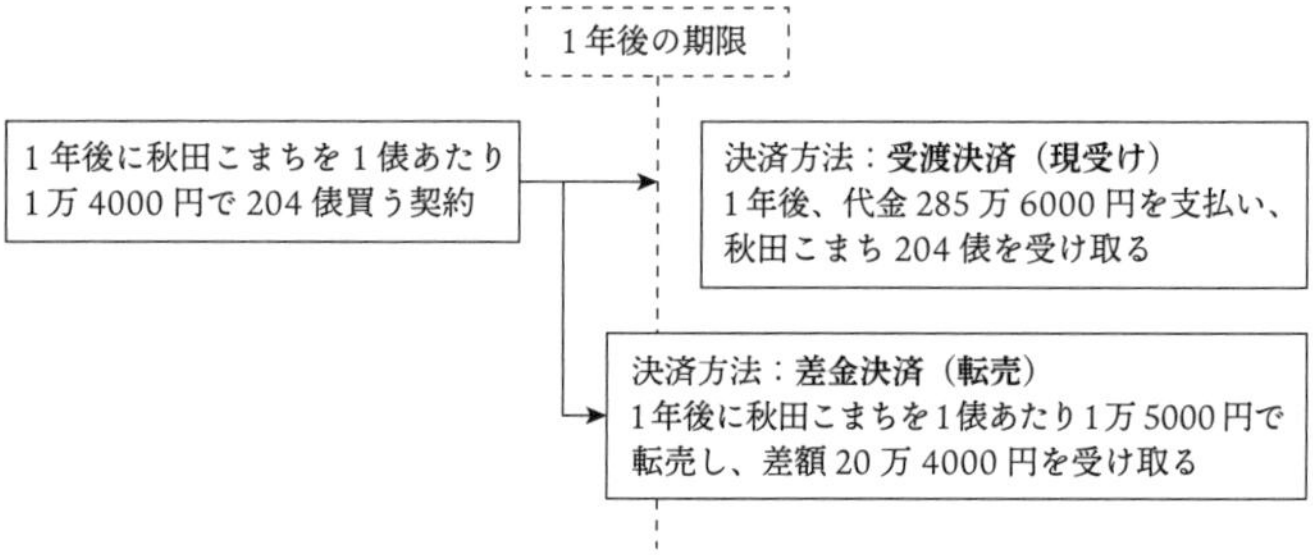

②価格下落を予測

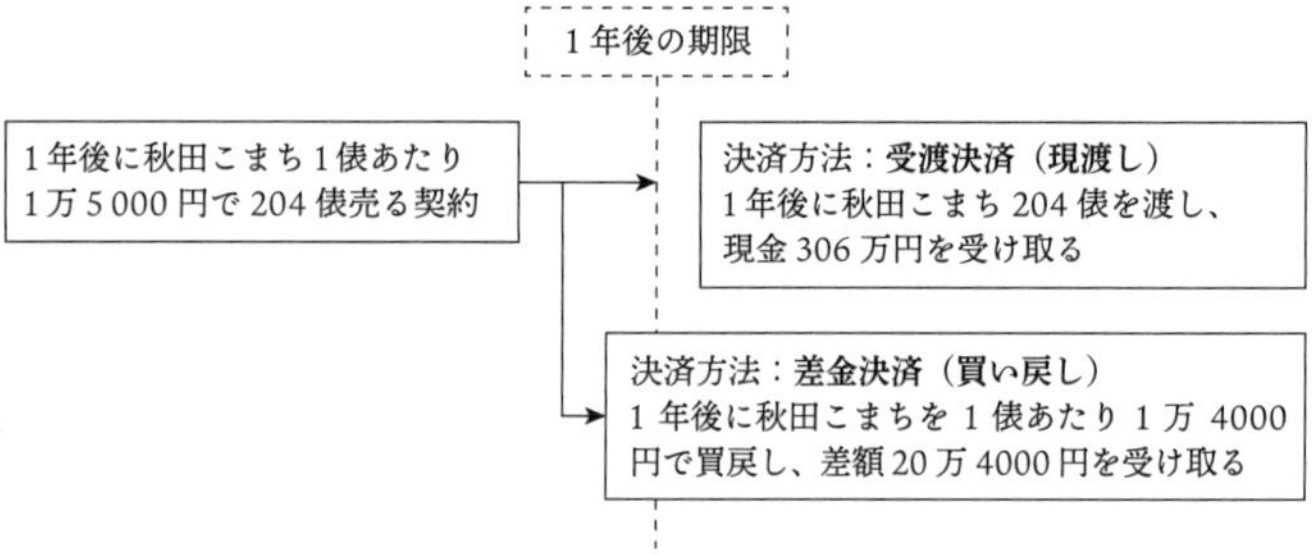

※手数料等諸経費は考慮していない。

商品先物取引は、今後、価格が上昇すると思った時には「買い」から、価格が下落すると思った時には「売り」から取引をスタートさせることが可能です。

そもそも商品先物取引とは「ある一定の商品を一定数量、あらかじめ定められた価格で将来の一定時期に受渡す」契約のことをいいます。加えて、その将来の期限が来る前までであれば、その契約と反対の売買を行い、売値と買値の差額を受渡しすることにより取引を終了させることができる、という特徴があります。

ちょっとわかりにくいと思いますので、具体例で説明しましょう。

たとえば、米の価格上昇を予想し、1年後に秋田こまちを1俵あたり1万4000円で204俵買う契約を、今、行ったと仮定します。契約通りであれば、1年後の期限が到来した時に、代金285万6000円を支払い、秋田こまち204俵を受け取ることになります。

ただし、前述したように、商品先物取引の場合には、この1年後の期限到来前であれば、「買い」と反対の行為である「売り（＝転売）」を行い、購入額と売却額の差額を受渡しすることにより取引を終了させることもできます。この時、転売価格が1俵あたり1万5000円だった場合には、差額20万4000円を受け取ることができるのです（図表3‐1‐①）。

「売り」から取引を開始する場合は全く逆になります。

たとえば、米の価格下落を予想し、1年後に秋田こまちを1俵あたり1万5000円で204俵売る契約を、今、行ったと仮定します。契約通りであれば、1年後の期限が到来した時に、秋田こまち204俵を渡し、現金306万円を受け取ることになります。ただし、買いの場合と同じく、商品先物取引の場合、1年後の期限到来前までであれば、「売り」と反対の行為である「買い（＝買戻し）」を行って取引を終了させることもできます。この時、買戻した価格が1俵あたり1万4000円であれば、差額20万4000円を受け取ることができるのです。（図3‐1‐②）

つまり、商品先物取引とは、買う契約をした場合は将来の期限までに代金を、売る契約をした場合は将来の期限までに商品を用意すればいい取引なのです。現時点では商品も代金も必要ありません。そのため、「買い」からだけではなく、「売り」からも取引を始めることができるのです。

このように、商品先物取引の決済方法は、期日に代金とモノを授受する「受渡決済」[*1]と、買ったものは転売し、売ったものは買戻す「差金決済」があります。

ちなみに、「受渡決済」のうち、「買い」から取引を始め、商品を受け取ることにより決済することを「**現受け**」、反対に「売り」から取引を始め、商品を渡すことにより決済することを「**現渡し**」と呼びます。

＊1　受渡決済できない商品もある。

（4）決済期限がある

前述したように、商品先物取引は「将来の期限」までに差金決済するか、受渡決済をするか選択しなければなりません。つまり、商品先物取引は「決済期限がある」取引なのです。この決済期限のことを「納会日《のうかいび》」といいます。納会日までの期限は、商品によっても異なりますが最長で半年から1年超です。

また、受渡決済を選択した場合、実際に商品と代金を受け払いするのは納会日の後になります。原則として、この受渡日が属する月を「限月《げんげつ》」といいます限月は、6限月制の商品がほとんどですが、最近は、7限月、15限月の銘柄も上場されるようになりました。米の限月は、偶数月のみの6限月制です。たとえば、今が9月の場合、決済期限が近い順から10月、12月、2月、4月、6月、8月となります。米以外の商品では、1月、2月、3月…のように連続限月のものや、1月、3月、5月…のように奇数限月で設定されている銘柄もあります。たとえば、連続限月のものには小豆、プラッツドバイ原油、奇数限月のものにはトウモロコシなどがあります。

限月は、「10月限《がつぎり》」のように、月の後に「限《ぎり》」を加えて読みます。他に、納会日が近い限月を当限《とうぎり》や期近《きぢか》、逆に遠い限月を先限《さきぎり》、先物《さきもの》、期先《きさき》、当限と先限の間に位置する限月を期中《きなか》、期央《きおう》、さらには期近から数えて2番限《ばんぎり》、3番限《ばんぎり》…と呼ぶこともあります。このように、限月を表す言葉はたくさんあります。

商品先物取引では、この限月ごとに値決めが行われます。米は6限月制のため、

図表3－2　限月の誕生と消滅

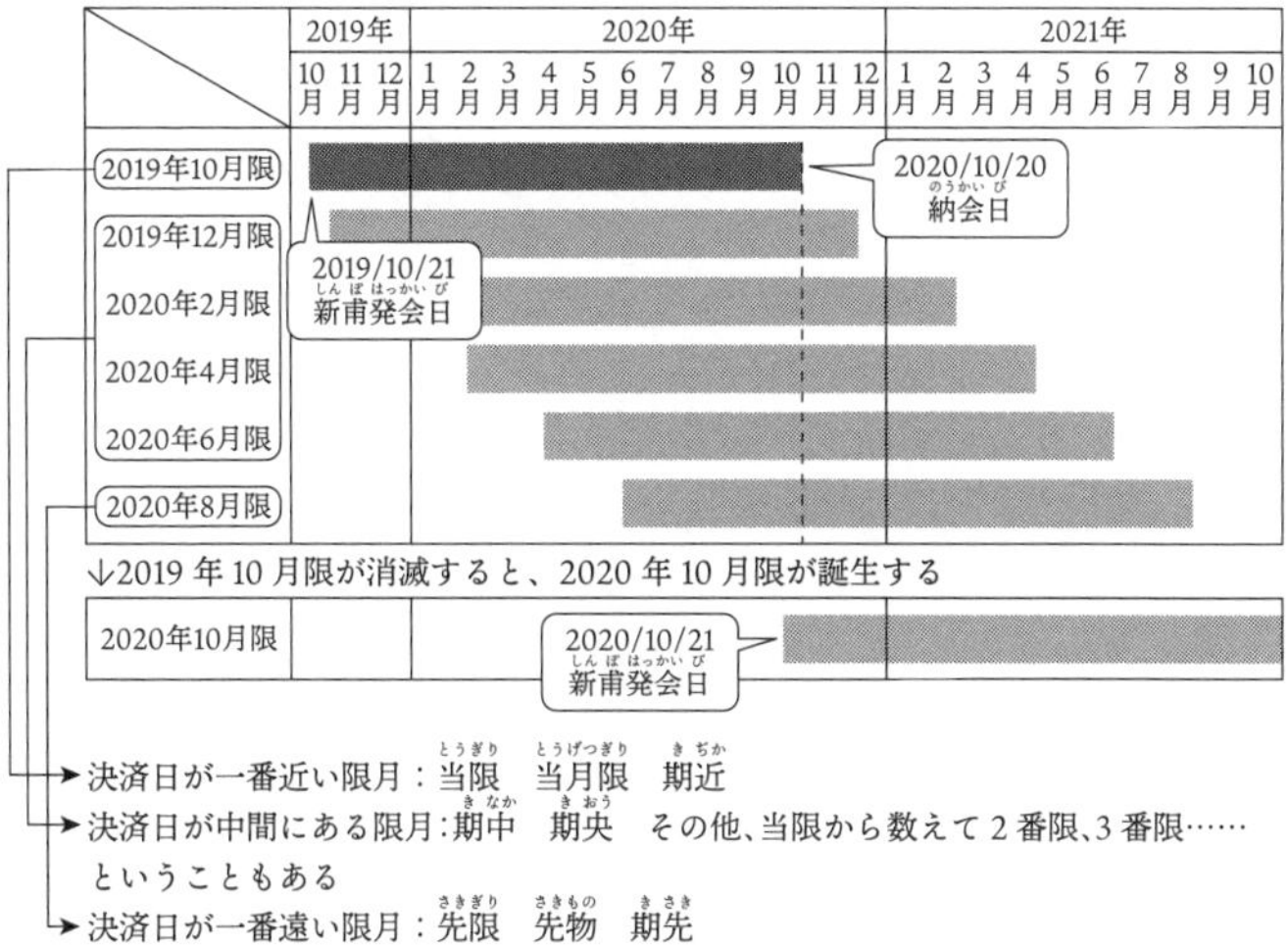

同じ銘柄でも限月ごとに六つの価格が存在することになります。

ある限月が納会日を迎えて消滅すると、新しい限月が誕生します。たとえば米の場合、今年の10月限が納会日を迎えて消滅すると、その翌営業日に翌年10月限が誕生します（図表3-2）。この新しい10月限のことを「新甫《しんぽ》」、新甫が生まれる日を「新甫発会日」と呼びます。つまり、一つの限月は、新甫発会日から納会日まで存在することになります（図表3-3）。

なお、新甫発会日、納会日は、商

図表３－３　限月の期間

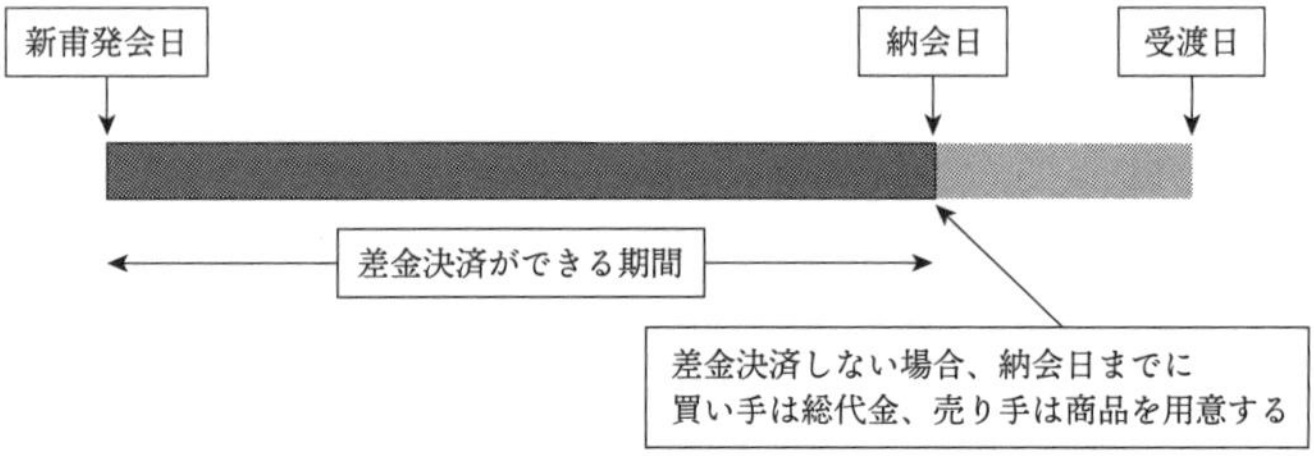

品の銘柄により異なります。ちなみに、米の納会日は、偶数月の20日（当日が休業日の時は、繰り上げ）と規定されています。

（5）現金以外に、株式や国債が資金に使える

商品先物取引では、資金として使えるのは現金だけではありません。株式や国債などの有価証券を担保に取引することも可能です。有価証券を資金として利用すれば、株式や国債などへ投資しながら商品先物取引を行うことができるため、資金を有効に活用することができます。

有価証券の評価額は、たとえば利付国債なら額面のおよそ8割、一部上場銘柄株式なら時価のおよそ7割です。株式の評価額は、毎月10日の終値に0・7を乗じて算出します。この評価額は、その月の25日から翌月24日まで

採用されます（図表3‐4）。ただし、株価急変時には、評価額が変更されることがあります。

有価証券を商品先物取引の資金として使う際には、まず、商品先物取引業者等を通じて、指定される代行証券会社に口座を開設します。次に、取引している証券会社から代行証券会社に有価証券を振り替えます。

このようにして預託した有価証券は、商品先物取引業者等を通じて売却することも可能です。さらに、たとえば株式の場合は配当金、利付国債の場合は金利を受け取ることもできます。

ただし、売却には通常よりも日数がかかるほか、「特定口座・源泉徴収あり」を選択しても売却益は源泉徴収されず、株式等の譲渡にかかる課税の特例対象とならない等、通常の証券会社における売却とは異なる事項があります。*2 有価証券を預託する場合には、事前に商品先物取引業者等に確認するようにしましょう。

以上、商品先物取引の特徴について説明しました。次は、商品先物取引の仕組

図表3－4
代用できる有価証券の種類・銘柄と評価基準

国債	
1）利付国債	
①超長期・長期	額面金額の 80%
②中期	額面金額の 85%
2）国庫短期証券	額面金額の 85%
3）割引国債（国庫短期証券を除く）	額面金額の 75%
社債	
社債	額面金額の 50%
転換社債型新株予約権付社債	額面金額の 50%
株券	
1）第1部上場銘柄	時価の 70%
2）第2部上場銘柄・地方単独銘柄	時価の 60%
3）JASDAQ銘柄	時価の 50%

注1）上記のうち商品取引所および（株）日本商品清算機構が指定したものに限る。

注2）上記のほか、地方債、日本銀行出資証券、特殊債、上場信託証券、上場投資信託証券、上場投資証券、上場投資法人債券および上場外国投資証券、貸付信託証券、指定倉荷証券がある。

株券の評価の決まり方

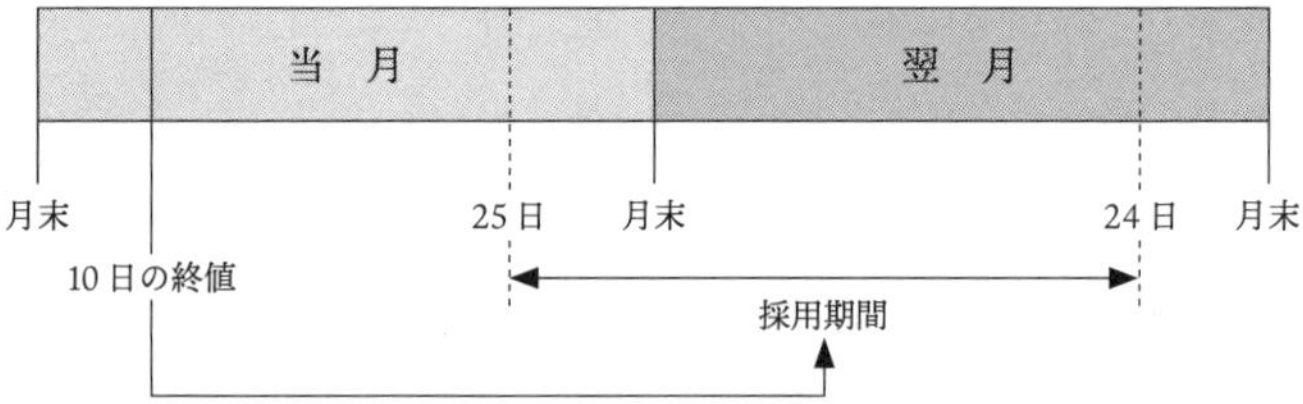

みについて、一般的な投資である株式投資と比較しながら説明しましょう。

＊2 取引証拠金充用有価証券を商品先物取引業者において換価処分した場合の課税関係に関する国税庁の見解は以下の通りです。
「委託証拠金充用有価証券（株式）の換価処分は、委託者による証券会社への売委託にはあたらないので、次のような株式等の譲渡に係る課税の特例を適用しない。
・上場株式等に係る譲渡損失の繰越控除の特例（売却損失についての3年間の繰越控除）」

商品先物取引の仕組み

（1）上場されている米の銘柄

2019年10月現在、国内において米の先物取引を上場しているのは、大阪堂島商品取引所のみです。上場されている銘柄は、秋田こまち、新潟コシ、東京コメの3銘柄です。

商品先物取引では、取引の基準となる銘柄が定められています。これを「標準品」と呼びます。秋田こまちは「秋田県産秋田こまち」、新潟コシは「新潟県産コシヒカリ」、東京コメは「栃木県産あさひの夢、群馬県産あさひの夢、埼玉県産彩のかがやき、千葉県産ふさおとめ、千葉県産ふさこがね」が標準品と定められています。

ただし、受渡しできる銘柄は、標準品だけではありません。受渡供用品といって、格付表または調整表で定める銘柄も受け渡し可能です。たとえば、新潟コシの2019年10月限の受渡供用品は図表3‐5の通りです。受渡供用品は、大阪堂島商品取引所のホームページで公表されています。受渡しについては、第4章で改めて取りあげます。

（2）取引単位

株式の場合、売買する数量の単位は「株」です。たとえば、「NTTドコモを100株買い」「日立製作所を1000株売り」というように数えます。201

図表3－5　農産物（新潟コシ）現物先物取引価格調整表

※令和元年10月限適用

令和元年8月29日制定　　　　　　　　　　　　　大阪堂島商品取引所

60kgにつき

<table>
<tr><td>標準品</td><td colspan="4">令和元年産　新潟コシ（新潟県産コシヒカリ）
農産物検査法に基づく検査規格水稲うるち玄米1等品</td></tr>
<tr><td rowspan="5">受渡供用品</td><td colspan="4">新潟県産コシヒカリ
農産物検査法に基づく検査規格水稲うるち玄米1等品及び2等品</td></tr>
<tr><td colspan="2">令和元年産</td><td colspan="2">平成30年産＊</td></tr>
<tr><td>1等</td><td>2等</td><td>1等</td><td>2等</td></tr>
<tr><td>調整額</td><td>調整額</td><td>調整額</td><td>調整額</td></tr>
<tr><td>—</td><td>減額300円</td><td>減額1,500円</td><td>減額2,100円</td></tr>
</table>

＊平成30年産の供用は、令和2年2月限までとする。

備考

1. 受渡品故障申立て（品質不良に限る）に係る値引限度額は、以下のとおりとする。

(1) 令和元年産にあっては、60kgにつき300円とする。

(2) 平成30年産にあっては、60kgにつき600円とする。

2. 新潟県産コシヒカリの作柄表示地帯は以下のとおりとする。

(1) 一　般……下越北（新発田市、阿賀野市、胎内市、聖籠町）
下越南（新潟市、燕市、五泉市、弥彦村、阿賀町）
中　越（長岡市、三条市、柏崎市、加茂市、見附市、田上町、出雲崎市、刈羽村）
上　越（糸魚川市、妙高市、上越市）
以上のいずれかを生産地とするもの

(2) 岩　船……村上市、関川村、粟島浦村のいずれかを生産地とするもの

(3) 魚　沼……小千谷市、十日町市、魚沼市、南魚沼市、湯沢町、津南町のいずれかを生産地とするもの

(4) 佐　渡……佐渡市を生産地とするもの

3. 本所の受渡しに供用するものは、次の条件を満たしたものに限る。

(1) 農産物検査法に基づく農産物規格規程（農林水産省告示第244号）に基づく品位等検査の検査証明書を交付されたもの

(2) 受渡単位ごとに産地品種銘柄、産年、等級及びBL（Blast Resistance Lines）品種又は非BL（従来）品種の別が同一のもの

(3) 食品衛生法（昭和22年法律第233号）に抵触しないもの

(4) 米穀等の取引等に係る情報の記録及び産地情報の伝達に関する法律第3条及び第5条に規定する記録が作成され、かつ、同法第4条に規定する産地情報の伝達がなされたもの

(5) 米穀の出荷販売事業者が遵守すべき事項を定める省令（農林水産省令第63号）第1条に規定する「用途限定米穀」または「食用不適米穀」に該当しないもの

(6) 農産物規格規程に定める紙袋に包装され、1袋の量目が正味30kgのもの

(7) 一般流通品以上の品位を有するもの

(8) 破損又は障害等の事故品を取り除いたもの

(9) 食品表示法（平成25年法律第70号）に規定する食品に該当するもの

資料：大阪堂島商品取引所ホームページより

8（平成30）年10月1日より、全国の証券取引所において、株式の売買単位が100株単位に統一されました。そのため、NTTドコモも日立製作所も100株の整数倍で売買します。たとえば、NTTドコモを1株だけ、日立製作所を10株だけ売買するということは、原則としてできません。

商品先物取引の場合、売買単位は「枚」です。「秋田こまちを1枚買い」「新潟コシを5枚売り」というように、「枚」の整数倍で売買します。たとえば、秋田こまちを0・5枚だけ売買するということはできません。

ただし、枚の中身（数量並びに数量の単位）は商品により異なります。たとえば、東京金の1枚は1000グラム、プラッツドバイ原油の1枚は50キロリットル、東京とうもろこしの1枚は50トンです。米の場合、秋田こまちの1枚は204俵（＝1万2240キログラム）、新潟コシの1枚は25俵（＝1500キログラム）、東京コメの1枚は200俵（＝1万2000キログラム）です。

ちなみに、この「枚」という数え方は、商品を保管する倉庫に由来します。たとえば、米を買ったまま納会日（＝最終取引日）を迎えた場合、ある日突然、自宅や会社に大量の米が配達されてきた、などということになったら大変かもしれません。

実際には、買った米は、倉庫会社の倉庫に保管されています。そのため、手続を経ずに自宅や会社に直接、米が届くということはありません。その代わりに、納会日の後にくる受渡日に、買った人の手元に「○○倉庫に米200俵を保管しています」という証書が届きます。[*1] この証書のことを「倉荷証券」といいます。倉荷証券を1枚、2枚と数えることから、商品先物取引では売買単位を「枚」と数えるようになったといわれます。

*1　実際には、倉荷証券による授受のほか、受渡期間内に取引所が認めた方法により商品を引き渡す方法があります。詳細は第4章。

（3）値段の表示単位

前述したように、株式の売買単位は、原則として100株単位です。しかし、ニュースや新聞で報道される株価は、100株単位ではありません。NTTドコモは2870円、日立製作所は4002円というように1株あたりの値段が表示されます。

商品先物取引の場合は、どうでしょうか？

商品先物取引の値段の表示単位は、商品により異なります。前述したように、商品先物取引は、商品によって1枚あたりの数量、数量の単位が異なります。同じ1枚でも、たとえば金は1000グラム、トウモロコシは50トンです。これらを1枚あたりの価格で表示しようとすると、数十万から数百万円と大きな金額になってしまいます。そこで、わかりやすくするために、1枚あたりの金額ではなく、数量の単位ごとの値段表示になっています。

たとえば、1枚1000グラムの金は1グラムあたり、1枚50トンのトウモロコシは1トンあたりの値段が表示されます。米の場合、秋田こまち、新潟コシ、東京コメ、いずれも1俵（＝60キログラム）あたりの値段表示です。この値段を表示する単位のことを「呼値《よびね》」といいます。

また、株式の場合、たとえばNTTドコモは1株あたり50銭刻み、日立製作所は1株あたり1円刻みで価格が変動します。株式の場合、1株あたりの値段によって、価格が変更する値段の刻みが異なります。つまり、銘柄により値動きの最小単位が異なります。

商品先物取引の場合も同様です。たとえば金は1円刻み、トウモロコシは10円刻みと、商品により値動きの最小単位が異なります。米の場合は、秋田こまち、新潟コシ、東京コメ、いずれも10円刻みです。この値動きの刻みを「呼値の単位」といいます。

（4）値動きと損益

株式の場合、総取引金額は「1株あたりの値段×売買株数」で算出します。たとえば、日立製作所を1株あたり4002円で200株買う場合、

4002円×200株＝80万400円

が総取引金額となります。

商品先物取引の場合は、表示されている値段に1枚あたりの数量と枚数を乗じて総取引金額を算出します。たとえば、新潟コシを1俵あたり1万5400円で1枚（＝25俵）買う場合、

1万5400円×25俵×1枚＝38万5000円

が総取引金額となります。

商品先物取引では、この1枚あたりの数量を「倍率」と呼びます。新潟コシの場合、1枚あたりの数量が25俵なので、25倍です。倍率と前述の呼値の単位（＝値段の刻み）を覚えておくと、損益を簡単に計算することができます。たとえば新潟コシの場合、呼値の単位が10円で倍率が25倍です。

10円×25倍＝250円

つまり、値段がプラスマイナス10円動くと250円の損益が発生することになります。

呼値の単位10円、1枚204俵の秋田こまちは、10円×204倍＝2040円

呼値の単位10円、1枚200俵の東京コメは、10円×200倍＝2000円

この「10円の価格変動で○円の損益」は覚えておくと便利です。これに取引枚数を乗じれば、現在の損益概算（手数料等諸経費を除く）を把握できます。

（5）立会仕法

取引所で売買が行われることを「立会《たちあい》」といいます。大阪堂島商品取引所における立会は、原則として、午前9時から午後3時までの間、連続して行われます。ただし、土日祝日、年末1日間、年始3日間は立会がありません。その年の最後の立会は12月30日、年明け最初の立会は1月4日です。それぞれ大納会《だいのうかい》、大発会《だいはっかい》と呼びます。

また、大阪堂島商品取引所における立会仕法は「個別競争売買（以下、ザラバ）」です。ザラバの立会は、基本的に証券取引所と同様の立会方法です。立会の開始・終了時刻のみを決め、この時間内であれば、いつでも売買を行うことができます。

ザラバでは、その時間内に出された注文について「価格優先の原則」「時間優先の原則」に従い、同一商品・限月の売り注文と買い注文を順次約定させていき

図表3－6　新潟コシの相場表（2019/10/11）

限月	前日帳入値段	始値	高値	安値	終値	前日比	出来高	帳入値
19/10	16,100	15,800	16,100	15,800	16,100	0	21	16,100
19/12	16,300	16,250	16,250	16,250	16,250	-50	5	16,250
20/02	16,470	—	—	—	—	0	—	16,470
20/04	16,470	16,470	16,530	16,450	16,450	-20	96	16,450
20/06	16,480	16,480	16,570	16,460	16,460	-10	224	16,470
20/08	16,500	16,510	16,640	16,490	16,500	0	744	16,500
合計							1,090	

資料：大阪堂島商品取引所ホームページより抜粋

ます。

「価格優先の原則」とは、買い注文の場合には、指値の高い注文が指値の安い注文より優先し、売り注文の場合には、指値の安い注文が指値の高い注文より優先する、というものです。ちなみに、「指値」とは、値段を指定して注文を出すこと、または、その指定した値段のことです。

「時間優先の原則」とは、同一の指値注文について、受付時間が早いほうの注文を優先する、というものです。

ザラバにおいて約定した価格は「始値、高値、安値、終値」のように表示されます（図3‐6）。ちなみに、図3‐6のような商品先物取引の約定価格一覧表のことを「相場表」と呼びます。

（6）売買に必要な資金

1．SPAN®証拠金制度

前述したように、商品先物取引は、総取引金額のおよそ3～10％程度の資金で取引を開始することが可能です。この資金のことを「証拠金」といいます。

２０１１（平成23）年1月から、国内二つの商品取引所における証拠金は、SPAN®に準拠した制度となっています。証拠金額の計算は、証拠金計算方法であるSPAN®（スパン）に基づいて行われます。

SPAN®とは、The Standard Portfolio Analysis of Risk の略で、米国のシカゴ・マーカンタイル取引所が開発したリスク対応型証拠金計算システムのことです。世界各地の主要取引所で広く採用されており、証拠金計算の国際標準といえます。身近なところでは、大阪取引所に上場される日経２２５ミニ等の証拠金計算に採用されています。

SPAN®証拠金制度では、株式会社日本商品清算機構（以下、ＪＣＣＨ）が定める計算変数（＝SPANパラメータ）を基準に、証拠金額を算出します。ＪＣＣＨとは、商品先物市場の清算機関です。ＪＣＣＨについては、第６章で改めて説明します。SPANパラメータとは、過去における商品先物取引の銘柄（＝原資産）の日々の価格変動に基づき、ＪＣＣＨが定めた証拠金計算の基礎となる変数です。

商品先物取引業者は、ＪＣＣＨが定めた最低限必要な証拠金額を下回らない範囲で、各社のルールに基づき「委託者証拠金額」を定めます。従って、委託者証拠金額や証拠金に関するルール等は、商品先物取引業者により異なります。ちなみに、最低限必要な証拠金額を「取引証拠金維持額」といいます。

商品先物取引を行う際は、委託者証拠金を商品先物取引業者に差し入れまたは預託する必要があります。差し入れと預託の違いについては、第６章で改めて取りあげます。

証拠金は取引に参加するために必要な担保金であり、また、取引を決済するまでの間は、定められた証拠金額を維持することが必要となります。

2．SPAN® 証拠金制度の特徴

SPAN® 証拠金制度は、保有する建玉全体（＝ポートフォリオ）から生じるリスクに応じて証拠金を計算するところに特徴があります。ちなみに、建玉とは、取引所で成立した注文のうち未決済のものを指します。ポジション、「玉《ぎょく》」ともいいます。

具体的には、次のような組み合わせにおいてリスクを相殺したうえで、建玉全体のリスクを計算します。

①同一商品・同一限月の「売り」と「買い」の建玉
②同一商品・異なる限月間における建玉
③価格に相関性のある商品グループ間における建玉
④先物とオプションの建玉

組み合わせによってはリスクが軽減され、建玉全体に対する証拠金必要額が減額になることがあり得ます。

また、過去の一定期間における価格変動を基準に、翌営業日までに生じるリスク（=発生する可能性のある損失額）を算出し、その金額を証拠金額とします。過去の価格変動幅が大きい（=価格変動リスクが大きい）時、証拠金は多めに算出されます。逆に、過去の価格変動幅が小さい（=価格変動リスクが小さい）時、証拠金は少なめに算出されます。このように、リスクに応じた証拠金額を設定するため、価格変動リスクが高い時は建玉を抑制する効果が発揮されます。半面、価格変動リスクが低い時はレバレッジを高めたり、建玉を増やしたりして積極的な取引をすることが可能となります。従って、効率的な運用を行うことができるといえます。

つまり、SPAN® 証拠金制度は、価格変動や保有する建玉全体のリスクの大小に応じて証拠金額を加減するシステムといえます。

3．委託手数料

証拠金のほか、必要となる資金は委託手数料と委託手数料にかかる消費税です。また、受渡決済を行う場合、決済時には委託手数料ではなく、受渡手数料と受渡手数料にかかる消費税が必要となります。

商品先物取引における手数料は自由化されています。そのため、手数料体系は、会社により異なります。手数料は、1枚の売買ごとに手数料を設定している会社が多いようです。

1枚の売買ごとに手数料を設定している場合、税込手数料を呼値あたりの価格に計算することができます。これを「手抜け幅」といいます。手抜け幅は、往復税込手数料を倍率で割り、それを呼値の単位に繰り上げることで算出できます。

手抜け幅＝往復税込手数料÷倍率

たとえば、秋田こまち（1枚＝204俵）の税込手数料が往復1万4810円

だった場合、手抜け幅は、

1万4810円÷204倍=72・5…≒80円

となります。

秋田こまちは呼値の単位が10円のため、手抜け幅は80円と計算できます。たとえば秋田こまちを買った場合、買った価格より70円の上昇による損益はまだ手数料分マイナスですが、80円の上昇となれば手数料分を差し引いても利益が若干出ている状態といえます。

「手抜け幅」を覚えておけば、損益概算が簡単にできるので便利です。

また、建玉をしたその日のうちに決済する、いわゆるデイトレードの場合、決済時の委託手数料を無料としている会社が多いです。デイトレードは、「日計《ひばか》り商《あきな》い」とも呼ばれます。

なお、株式取引の場合、手数料は買った時、売った時にそれぞれ徴収されます。商品先物取引業者の場合、決済時に往復の手数料が一括徴収されます。

担当する営業マンがつく対面取引とインターネット取引とでは、一般的にはインターネット取引のほうが、手数料が安い傾向にあります。ただし、筆者が調べたところでは、米の先物取引について、インターネット取引を行っている業者はないようです（２０１９年10月現在）。

（7）覚えておきたいルール

1．値洗い制度

商品先物取引では、保有する建玉の含み損益を毎日計算します。これを「値洗《ねあら》い」と呼びます。また、この計算上の含み損益を「値洗損益金通算額」といいます。

「値洗損益金通算額」は、約定《やくじょう》値段（＝売買注文の成立値段）と帳入《ちょういれ》値段の差額に、取引倍率と取引枚数を乗じることにより算出します。プラスの算出額を「値洗い益」、マイナスを「値洗い損」といいます。ちなみに、帳入値段とは、大阪堂島商品取引所の場合、１日の取引時間内に、ザラバで成立した約定値段と取引数量を加重平均することにより算出した値段のことです。帳入値段の算出方法は、商品取引所や銘柄により異なります。

たとえば「新潟コシを10枚買い」の注文が1万6000円で成立したと仮定します。その後、相場が上昇し、その日の帳入値段が1万6100円になったとします。この時、値洗損益金通算額は、2万5000円の値洗い益となります。

（1万6100円－1万6000円）×　25倍　×10枚＝2万5000円
帳入値段　　　約定値段　　　取引倍率　枚数　値洗損益金通算額

翌営業日、相場が反落し帳入値段が1万5900円になると、値洗損益金通算額は、2万5000円の値洗い損となります。

（1万5900円－1万6000円）×　25倍　×10枚＝▲2万5000円
帳入値段　　　約定値段　　　取引倍率　枚数　値洗損益金通算額

売りの場合は、逆に、約定値段から帳入値段を差し引いて計算します。たとえば「新潟コシを10枚売り」の注文が1万5900円で成立したと仮定します。その後、相場が上昇し、帳入値段が1万6000円になったとします。この時、値洗損益金通算額は、2万5000円の値洗い損となります。

（1万5900円－1万6000円）×　25倍　×10枚＝▲2万5000円
　約定値段　　　　帳入値段　　　取引倍率　枚数　値洗損益金通算額

翌営業日、相場が反落し帳入値段が1万5800円になると、値洗損益金通算額は、2万5000円の値洗い益となります。

（1万5900円－1万5800円）×　25倍　×10枚＝2万5000円
　約定値段　　　　帳入値段　　　取引倍率　枚数　値洗損益金通算額

また、その日の帳入値段で計算した結果、値洗い損となった場合に、取引を継続するためには、翌営業日正午までの商品先物取引業者が指定する日時までに当該金額を差し入れまたは預託する必要があります。

2．不足額の計算（総額の不足額、現金の不足額）

前述したように、商品先物取引を行う際は、委託者証拠金を商品先物取引業者に差し入れまたは預託する必要があります。委託者証拠金は、保有する建玉を決済するまでの間、その金額を維持することが必要となります。

委託者証拠金を維持できない状況は、どのような時に起きるのでしょうか？

それは、「総額の不足額」または「現金不足額」のいずれかが生じた場合になります。

「総額の不足額」または「現金不足額」を説明する前に、お金に関する名称の定義を説明しておきましょう。

預り証拠金：商品先物取引業者に預託した金銭または有価証券

売買差損益金：反対売買によって確定した損益額および最終決済に伴う損益額

現金授受予定額：「値洗損益金通算額」、「売買差損益金」の合計額[*1]から、委託
手数料、委託手数料にかかる消費税など委託者の負担すべき

額で商品先物取引業者が必要と認める額を差し引いた額

現金支払予定額：右記「現金授受予定額」の数値がマイナスの場合、その絶対値

受入証拠金の総額：「預り証拠金」に「現金授受予定額」を加減した額

＊1　オプション取引がある場合、「オプション取引における未決済の取引代金」も加算する。

①総額の不足額

「総額の不足額」とは、「受入証拠金の総額」が「委託者証拠金」を下回っている場合に、その差額のことをいいます（図表3 - 7上図）。

「総額の不足額」が発生するのは、どういう状況の時でしょうか？

図表3 - 7の計算式から、受入証拠金額が減少する、委託者証拠金額が増額される、このいずれかまたは双方が同時に起きた時です。

図表３－７

「総額の不足額」イメージ
総額の不足額とは、「受入証拠金の総額－委託者証拠金＜０」の時、その差額をいう。

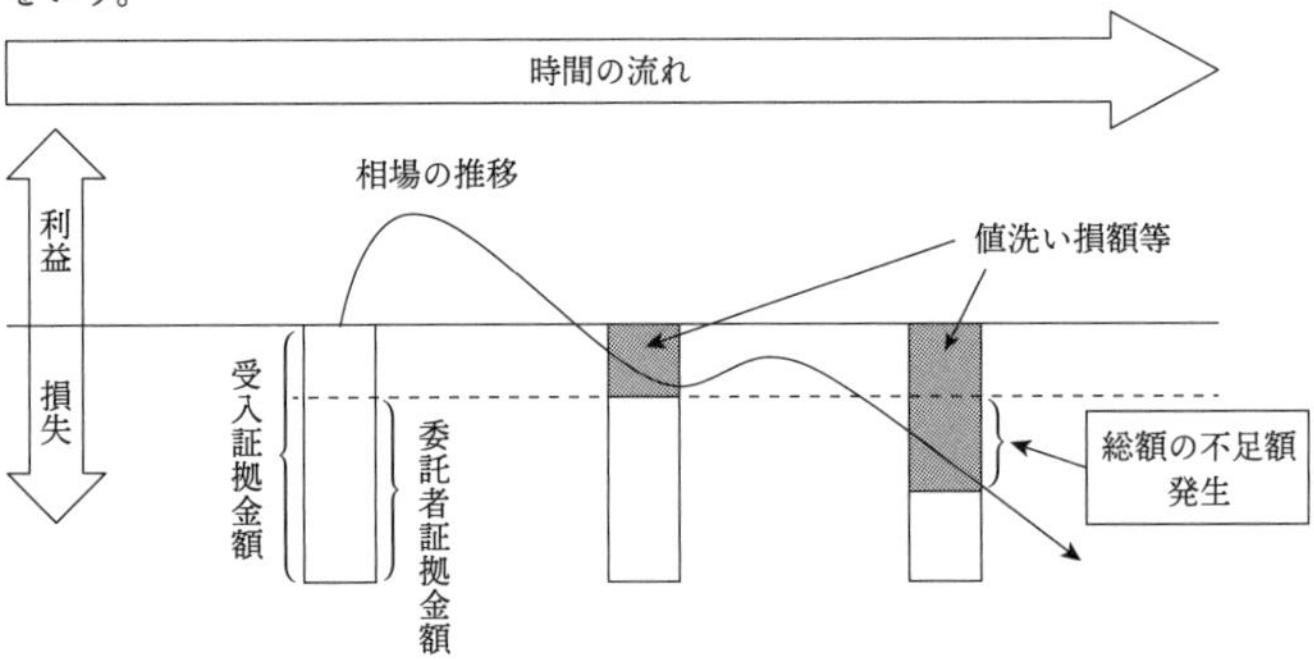

「現金不足額」イメージ
現金不足額とは、「預り証拠金のうち「現金」－現金支払予定額＜０」の時、その差額をいう。

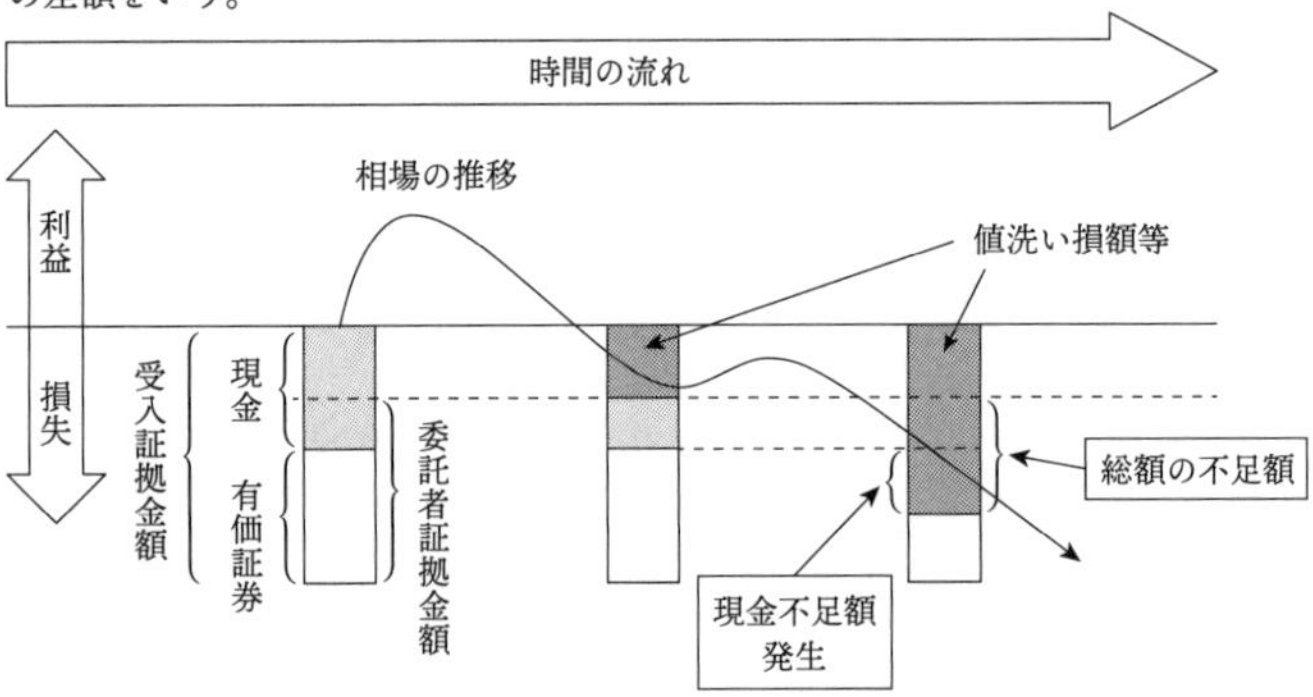

資料：日本FP協会認定継続教育（通信研修）テキスト「新・商品先物市場の仕組み~資産運用からリスクヘッジ機能まで~（前編）」三次理加／著　日税ビジネスサービス／発行

ちなみに、受入証拠金額が減少する例としては、相場変動により建玉の値洗いが悪化し値洗損益金通算額がマイナスとなる場合、建玉の決済により損金が発生した場合、などがあります。

②現金不足額

「現金不足額」とは、「預り証拠金」のうち「現金」の額が委託者の「現金支払予定額」を下回っている場合に、その差額のことをいいます（図表3‐7下図）。「現金不足額」は、どういう状況の時に発生するでしょうか？

それは、次の二つのケースで発生します。一つ目は、差し入れまたは預託している金銭が「有価証券のみ」の時に、値洗い損となる場合。二つ目は、差し入れまたは預託している金銭が「現金と有価証券」の時に、値洗い損金額が差し入れまたは預託した現金より大きい場合、の二つです。つまり、「現金不足額」は、受入証拠金額が委託者証拠金額を満たしていたとしても発生します。従って、有価証券を差し入れまたは預託して取引を行う際には注意が必要といえます。ただし、商品先物取引業者によっては、「総額の不足額」が発生していない場合、「現金不足額」を請求しないこともあります。

③「総額の不足額」または「現金不足額」発生時の対応

「総額の不足額」または「現金不足額」が発生したら、どうすればいいでしょうか？

それは、次の二つのどちらかを選択することにより、その不足状態を解消すればいいのです。

一つ目は、「総額の不足額」または「現金不足額」のいずれか大きい額以上の額を入金することにより不足を解消する方法です。ただし、「現金不足額」の場合には、原則として現金のみの入金が必要となります。

二つ目は、建玉の全部または一部を決済し、委託者証拠金額を減額すること等により不足状態を解消する方法です。

いずれの場合も、不足額が発生した日の翌営業日正午までのうち、商品先物取引業者が指定する時刻までに不足を解消するようにしなければなりません。どちらも選択しなかった場合や、選択しても不足額が解消しなかった場合には、商品先物取引業者が任意で建玉の全部または一部を強制的に決済することになります。「総額の不足」と「現金不足額」について、具体的な例で計算してみましょう。

例3

秋田こまちを20枚買った後、相場が下落。値洗損益金通算額等が30万円発生しました。秋田こまちの委託者証拠金は、1枚あたり5万円×20枚＝１００万円
預り証拠金は、すべて現金で１２０万円でした。

このケースについて、図表３‐７の「総額の不足額」「現金不足額」の計算式で計算します。まず、「総額の不足額」を計算します。

預り証拠金１２０万円－値洗損益金通算額等30万円－委託者証拠金１００万円
＝▲10万円

「総額の不足額」は10万円と算出できました。

次に、「現金不足額」を計算します。

預り証拠金のうち「現金」１２０万円－値洗損益金通算額等30万円＝90万円
「現金不足額」はありませんでした。

例３の場合、総額の不足額として現金10万円もしくはそれに相当する有価証券を入金するか、または、不足額を解消するよう建玉を処分します。

例4

秋田こまちを20枚買った後、相場が下落。値洗損益金通算額

等が10万円発生しました。秋田こまちの委託者証拠金は、1枚あたり5万円×20枚＝100万円
預り証拠金は、すべて有価証券で120万円でした。

このケースについて、例3と同様に計算してみます。「総額の不足額」は、
預り証拠金120万円－値洗損益金通算額等10万円－委託者証拠金100万円＝10万円
「総額の不足額」は発生していません。次に、「現金不足額」を計算します。
預り証拠金のうち「現金」0円－値洗損益金通算額等10万円＝▲10万円

10万円の「現金不足額」が発生しています。そのため、不足額10万円を現金で入金するか、もしくは、不足額を解消するよう建玉を処分します。

ただし、現金不足額が発生した際の対応については、商品先物取引業者により異なります。また、受渡しのため倉荷証券を差し入れまたは預託している場合に現金不足額が発生した時は、現金による入金が必要ないこともあります。詳しくは、取引をする際に商品先物取引業者等に確認しましょう。

例5

秋田こまちを20枚買った後、相場が下落。値洗損益金通算額等が30万円発生しました。秋田こまちの委託者証拠金は、1枚あたり5万円×20枚=100万円

預り証拠金は、現金で25万円、有価証券で95万円、合計120万円でした。

例5は、預り証拠金として、現金と有価証券の双方を入金していたケースです。例3、例4と同様に「総額の不足額」「現金不足額」を計算します。まず、「総額の不足額」を計算します。

預り証拠金120万円－値洗損益金通算額等30万円－委託者証拠金100万円
＝▲10万円

「総額の不足額」は、10万円でした。次に、「現金不足額」を計算します。

預り証拠金のうち「現金」25万円－値洗損益金通算額等30万円＝▲5万円

5万円の「現金不足額」が発生しています。このように、「総額の不足額」「現金不足額」の双方が発生している場合には、大きいほうの金額を入金するか、もしくは、不足額を全額解消するよう建玉を処分します。ただし、入金する場合、「現金不足額」に相当する5万円については、現金により入金する必要があります。

「総額の不足額」と「現金不足額」について、ご理解いただけましたか？　いずれの不足額も発生してから対処するまで時間があまりありません。そのため、取引をする際には資金に余裕を持たせた金額を口座に入金し、かつ、口座状況について必ず毎日確認することをお勧めいたします。

＊　資料：例3～5は、「SPAN®をベースとした新証拠金制度について」株式会社日本商品清算機構／著　の例題を参考に筆者が作成しています。

3．値幅制限

商品取引所は、急激な価格変動により投資家に不測の損害を与えたり、市場機能が阻害されたりすることのないよう市場を監視しています。そのための手段の一つとして、大阪堂島商品取引所は、「値《ね》幅《はば》制《せい》限《げん》」制度を導入しています。

「値幅制限」とは、1日に動く値段の幅を前日の最終値段（＝帳入値段）から一定の範囲内に制限することを意味します。商品ごとに前日の帳入値段を基準に、制限値幅の上限に達した時をストップ高、下限に達した時をストップ安といいます。制限値幅は商品により異なります。米の場合は、300円です（2019年10月現在）。

また、当限を除く複数限月が制限値幅に達した時、その値幅は翌日から段階的に拡大します。つまり、ストップ高・安となる上限値段、下限値段がそれぞれ大きくなり、値動きが荒くなることがありますので注意が必要です。その後、当限を除く複数限月が制限値幅に達しなかった時は、段階的に縮小し、当初の値幅に戻ります。

以上、商品先物取引の特徴、仕組み、資金やルールについてご紹介しました。次章では、商品先物取引をはじめる方法について説明します。

【コラム】

実は日本の発明！「手振り」による立会

「指さきで百万斛《こく》をうごかすは蝸牛《かぎゅう》の角の争ひと見ん　九鯉」

これは、「摂津名所図会」において、第2章で説明した大坂堂島米会所で売買が行われる模様を描いた絵と文章に添えられた狂歌です。「名所図会」とは、今でいう名所案内観光書で、文章と絵により名所とその魅力を紹介した書物です。参勤交代により街道整備が進み、庶民が自由に旅行できるようになった江戸時代、出版業界の大ヒット作だったようです。

「摂津名所図会」の著者である秋里籬島《あきさとりとう》が最初に手掛けた「都名所図会」は4000部を売り、2000両もの諸経費をかけた出版社も利益が出たといいます。当時の識字率や書物に対する人気の高さがわかるような気がしますね。

「摂津名所図会」は、9巻12冊と籬島の図会の中では一番の長編です。籬島は、「摂津名所図会」の取材時には、すでに多数の図会の著者とし

Column

ての名声があり、なんと取材旅行の経費も出版元持ちだったとか!?　ちなみに、摂津とは、現在の大阪と兵庫の辺りです。

「摂津名所図会」は、江戸時代の堂島米会所を紹介する際によく使われる絵です。堂島は、「摂津名所図会」の第4巻で取りあげられており、堂島米会所において売買をする人たちの熱気のある様が描かれています。

さて、この狂歌で謳われている「指さきで百万斛をうごかす」とは、どのようなことでしょうか？

これは「手振り」による立会の模様を表しています。「手振り」とは、手のひらの向きで「売り」「買い」を、指の形で売買する値段と数量を表しているのです。手のひらを内側に向けると「買い」、外側に向けると「売り」です。

堂島米会所における最低取引単位は100石、呼値の単位（価格表示単位）は1石でした。この狂歌は、堂島米会所で短時間に大量の売買が成立していく様を謳ったものなのです。

ところで、取引所で行われる「手振り」による立会の模様は、過去に、テレビや新聞でご覧になったことがある方もいらっしゃるかもしれません。ほとんどの場合は、証券取引所における立会、もしくはCME（シカゴ・マーカンタイル取引所）における立会の模様ではないでしょうか。

しかし、「摂津名所図会」に描かれていることからもおわかりのように、この「手振り」は、およそ300年前の江戸時代、大坂堂島米会所で米の先物取引が行われていた時代から脈々と引き継がれてきた伝統なのです。これが、米国の立会でも使われるようになり、日本の株式市場の立会でも使われるようになったのです。

ところが、近年になって、取引所が電子システム取引に移行していくことに伴い、この「手振り」は姿を消していきました。国内では、1999（平成11）年に証券業界、2007（平成19）年に旧・中部大阪商品取引所で最後の「手振り」による立会が行われて以降、行われていません。2016（平成28）年には、CMEにおける手振りもなくなりました。

300年近く続いた伝統が姿を消す。ちょっと寂しい気もしますね。

第4章

さあ、商品先物取引をはじめよう!

本章では、商品先物取引をはじめる方法や、注文・決済の方法、書類等についてご紹介します。

商品先物取引業者等に口座を開設する

株式を売買しようと思ったら証券会社に口座を開設します。同様に、商品先物取引を行う際は、商品先物取引業者等に口座を開設する必要があります。

米の商品先物取引を扱っている商品先物取引業者等は、大阪堂島商品取引所のホームページに一覧と各社のホームページアドレスが掲載されています。

業者を選ぶ際のポイントは、①手数料　②サービス　③財務状況　④法律やルールを守っている業者か否か　です。加えて、ヘッジ等の目的で取引をする場合には、ヘッジの知識や米の受け渡し実績がある業者を選ぶようにするとよいでしょう。受け渡し実績についても、大阪堂島商品取引所のホームページで確認することができます。

米の商品先物取引を監督している主務省は、農林水産省です。主務省は、商品先物取引業者がきちんと法に則って営業を行うよう監督しています。違反があれば「○日間の業務停止」等の行政処分を行います。

また、日本商品先物取引協会は、商品先物取引業者等の自主規制ルールを定める協会です。そのため、ルール違反をした会社には、制裁を行っています。主務省や日本商品先物取引協会の処分・制裁の履歴は、それぞれのホームページに掲載されますので参考にしましょう。

口座開設の審査基準

株式の場合は、未成年者でも親権者の同意があれば口座を開設できます。しかし、商品先物取引の場合、口座を開設できる人が厳格に制限されています。従って、商品先物取引業者等に口座を開設する際には、必ず審査があります。審査基準は、各社異なります。とはいえ、商品先物取引の主務省である経済産業省・農林水産省から次のようなガイドラインが出ているため、最低限の基準はわかります。

-中略-

ｨ次に掲げる勧誘は、適合性の原則に照らして、不適当と認められる勧誘であると考えられる（取引所現物取引においてはf及びgを除く。）。

a未成年、成年被後見人、被保佐人、被補助人、精神障害者、知的障害者及び認知障害の認められる者に対する勧誘

b生活保護法による保護を受けている世帯に属する者に対する勧誘

c破産者で復権を得ない者に対する勧誘

d商品デリバティブ取引及び取引所現物取引をするための借入れを勧めての勧誘

e損失が生ずるおそれのある取引を望まない者に対する勧誘

f取引証拠金等の額を上回る損失が生ずるおそれのある取引を望まない者に対

する、取引証拠金等の額を上回る損失が生ずるおそれがある取引の勧誘

－中略－

ロ　次に掲げる勧誘は、適合性の原則に照らして、不適当と認められるおそれのある勧誘であると考えられる（取引所現物取引においてはｃ及びｅを除く。）。

ただし、該当する項目があるからといって、直ちに適合性の原則に照らして、不適当と認められるものではなく、ハに記載する「業者内審査手続等」において、特に厳格に審査した上で、適合性の原則に照らして適当と認められる勧誘であることを確認した場合には、直ちに適合性の原則に照らして不適当と認められる勧誘にはならないと考えられる。具体的には、商品先物取引業者の側において、法第２１５条に規定する「顧客の知識、経験、財産の状況、商品取引契約を締結する目的」のほか、①イに例示する生年月日（年齢）、収入（年収）等の顧客の属性等を総合的に勘案して、適合性の原則に照らして適当であることを合理的に判断し、以下に示す審査過程と判断根拠を具体的に記載した書面等にその記録を残すなどの対応が必要である。

a給与所得等の定期的所得以外の所得である年金、恩給、退職金、保険金等(以下「年金等」という。)により生計を立てている者に対する勧誘

b一定以上の収入(例えば、年間500万円以上)を有しない者に対する勧誘

c投資可能資金額を超える損失を発生させる可能性の高い取引に係る勧誘(取引を継続することにより、投資可能資金額を超える損失が発生する可能性が高い場合に、当該取引の継続を勧める行為を含む。)

d高齢者(例えば、年齢75歳以上の者)に対する勧誘

eデリバティブ取引の経験がない者に対する勧誘

(資料:「商品先物取引業者等の監督の基本的な指針　令和元年8月」農林水産省食料産業局食品流通課商品取引室・経済産業省商務情報政策局商取引監督課より抜粋)

右記、主務省のガイドラインから分かることは、「未成年者」や「成年被後見人、被保佐人、被補助人、精神障害者、知的障害者及び認知障害の認められる方」や

「生活保護法による保護を受けている世帯に属する」方等は、口座開設ができない、ということです。

また、「年金等の収入で生計を立てている方」や「年間収入が５００万円に満たない方」、「75歳以上の高齢者」、「デリバティブ取引の経験がない方」等については、原則として口座開設ができません。ただし、業者の判断によっては口座開設ができることもある、ということです。

なお、右記の方以外に、公金出納取扱者や金融機関等の経理等関係の方も、口座開設の審査を厳しくする業者が多いです。

ちなみに、「適合性の原則」とは、金融商品取引法第40条第1号に定められる投資家保護の原則のことです。商品先物取引法第２１５条にも同様の規定があります。

金融商品取引法
（適合性の原則等）

第四十条　金融商品取引業者等は、業務の運営の状況が次の各号のいずれかに該当することのないように、その業務を行わなければならない。
一　金融商品取引行為について、顧客の知識、経験、財産の状況及び金融商品取引契約を締結する目的に照らして不適当と認められる勧誘を行つて投資者の保護に欠けることとなつており、又は欠けることとなるおそれがあること。

商品先物取引法
（適合性の原則）
第二百十五条　商品先物取引業者は、顧客の知識、経験、財産の状況及び商品取引契約を締結する目的に照らして不適当と認められる勧誘を行つて委託者等の保護に欠け、又は欠けることとなるおそれがないように、商品先物取引業を行わなければならない。

従って、知識、経験、財産の状況、取引契約の締結目的などが審査対象になります。加えて、前述のガイドラインに記載の通り、年齢や年収、投資可能資金額も審査対象となります。なお、「投資可能資金額」とは、商品先物取引の仕組みやリスク等を十分に理解したうえで、手数料等を含む損失を被っても生活に支障のない範囲で、顧客が定める資金額をいいます。たとえば、老後のために蓄えた資金等を投資可能資金額に含むことは、適当ではないといえます。

皆さんの状況は、主務省の定めるガイドラインをクリアできていましたか？

ちなみに、法人の場合には、実質的支配者の確認のほか、別途、規定があります。口座開設前に、商品先物取引業者等に確認してください。

口座開設の際には、「約諾書」をはじめ各種の書類に必要事項を記入、捺印のうえ、免許証などの本人確認書類の写しを添えて提出します。「約諾書」は、取引会社に対して取引を委託する意志を表明する書面です。ただし、「約諾書」を差し入れたからといって、絶対に取引をしなければならない、すぐにお金を入金して注文をしなければならない、といった義務は一切ありません。取引は、あくまでもご自身のタイミングで行うようにしましょう。

また、「受託契約準則」「委託のガイド」をはじめとする各種書類は、取引に際しての大切なルール等が記載されたものです。細かい文字でたくさん書かれている書面を読むのは面倒くさい、という方もいらっしゃるかもしれません。お気持ちはわかりますが、ルールを理解しておくことは非常に大切なことです。商品先物取引はもちろんですが、何事であっても、ルールを熟知している人のほうが勝ちやすく、失敗しにくいものです。必ず読んで内容を理解してから、取引を開始することを強くお勧めします。

なお、一般的には口座管理・維持手数料は不要としている業者がほとんどです。ただし、「約諾書」には、印紙税法により4000円の収入印紙を貼付する必要があります。収入印紙は、郵便局で売っています。業者によっては、サービスで負担してくれることもあります。

値段の確認方法

口座が開設できたら、いよいよ取引開始です。しかし、その前に、米の商品先物取引の値段を確認しましょう。

米の商品先物取引の値段は、新聞等で確認することができます。日本経済新聞であれば、全銘柄、全限月の値段が掲載されています。他の新聞の場合、表示方法や掲載銘柄が異なります。たとえば、一部銘柄のみ、当限と先限のみ、という掲載です。

スマートフォンやパソコン等のインターネット環境があれば、いつでも現在の値段を確認することができます。大阪堂島商品取引所のホームページでも、相場表が公表されています。また、取引している商品先物取引業者等のホームページでも確認ができると思いますが、詳しくは、当該業者にお問い合わせください。

新規注文の出し方

口座開設が終了し、資金を入金したら、いよいよ注文です。注文を出す際は、次の項目を担当者に指示します。
①商品取引所名・銘柄名
②限月
③枚数
④新規注文であること
⑤売付け・買付けの別
⑥指値値段
⑦約定条件

大阪堂島商品取引所における売買注文は、値段を指定した売買（＝指値）のみとなっています。また、約定条件は、次の3種類のいずれかを選択します。

（1）登録する時点において、当該注文が全量約定しない場合にあっては、未約定の数量が登録されるFill and Store条件

（2）登録する時点において、当該注文が全量約定しない場合にあっては、未約定の数量が失効される Fill and Kill 条件
（3）登録する時点において、当該注文が全量約定しない場合にあっては、全部の数量が失効される Fill or Kill 条件

たとえば、「大阪堂島の秋田こまち2020年8月限を1万4600円で1枚、新規で買い、約定条件は、Fill and Store」のように注文します。その際、注文間違いを防ぐために、必ず担当者の復唱を確認するようにしましょう。

なお、大阪堂島商品取引所の場合、注文の有効期限は、その日の立会終了までとなっています。

決済方法

決済の注文をする場合には、決済方法により伝える内容が異なります。

（1）差金決済

差金決済の場合の注文方法は、基本的には新規注文と同様です。ただし、複数の建玉（＝ポジション）を保有している場合には、どの建玉を決済するのかを指示する必要があります。この決済対象の建玉を「相手玉《あいてぎょく》」と呼びます。相手玉を指定しなかった場合、原則として、その建玉の約定日が古い順から決済します。

①商品取引所名・銘柄名
②限月
③枚数
④決済注文であること
⑤売付け・買付けの別（買い玉を決済する場合は「転売」、売り玉を決済する場合は「買戻し」）
⑥指値値段

⑦約定条件

⑧相手玉を指定する場合には、その相手玉を指示

なお、決済の注文は、「仕切り」、「手仕舞《てじま》い」、「落ち」「埋め」等、さまざまな名前で呼ばれます。たとえば、「大阪堂島の秋田こまち2020年8月限を1万5000円で1枚、売り仕切り、約定条件は、Fill and Store」という感じです。

（2）受渡決済（期日受渡し）

現物を受渡決済する場合には、商品先物取引業者等の担当者に、あらかじめ受渡決済をする旨伝えておきましょう。

1．買い玉を受渡決済する（米を購入する）

保有している買い玉（＝ポジション）を受渡決済する、つまり、米現物を先物市場から買う場合には、当月限納会日（＝偶数月の20日、当日が休業日の時は、繰り上げ）の前営業日の午後4時までに、総取引金額と受渡代金にかかる消費税相当額を商品先物取引業者等に入金します。総取引金額とは、買い玉の約定値段

に倍率と枚数を乗じた金額です。たとえば、秋田こまちを1万5000円で1枚買っていた場合は、

1万5000円×204倍（俵）×1枚＝306万円

右記の金額が総取引金額です。

受渡決済の場合、消費税額は、一般的な消費税と計算が異なります。消費税は、約定値段ではなく、受渡値段を基に算出します。受渡値段とは、当月限の最終帳入値段です。この受渡値段に標準品との調整額（図表3－5参照）を加減した額に、受渡しする枚数と消費税率を乗じたものが、受渡しにかかる消費税相当額となります。

右記以外に必要となる金額としては、商品先物取引業者への受渡手数料と受渡手数料にかかる消費税があります。

これら必要経費を俵あたりに換算すると、新潟コシは60円程度、秋田こまちは

80円程度、東京コメは60円程度です（運送料は含みません。必要経費は業者により異なります。2019年10月現在）。

入金期限は、原則として当月限納会日の前営業日の午後4時となっています。ただし、実際の入金期限は、商品先物取引業者により異なります。多めの金額を入金しておくことをお勧めします。

受渡日は、納会日から2営業日後です。商品先物取引業者より、大阪堂島商品取引所が定める荷渡指図書および指定倉庫が発行する在庫証明書（東京コメの場合、指定倉庫が発行する倉荷証券）を受け取ったら、それを倉庫会社に持参して現物を受け取ります。受渡日の翌月以降に現物を受け取る場合、別途、倉庫保管料が発生しますので注意しましょう。

なお、指定倉庫から運送してもらう場合には、別途、運送料が必要になります。運送料は、運送会社により異なります。新潟コシ、秋田こまちの指定倉庫は、図表4-1の通りです。東京コメは、東京都、神奈川県、千葉県、茨城県、愛知県、大阪府、京都府、兵庫県に指定倉庫があります。詳細は、大阪堂島商品取引所ホ

図表4－1　指定倉庫一覧

新潟コシ

会社名	倉庫名
新潟輸送（株）	京ヶ瀬低温倉庫
	東港倉庫
	西港倉庫

秋田こまち

会社名	倉庫名
秋田定温倉庫事業協同組合	秋田海陸7号倉庫
	秋田海陸10号倉庫
	秋田海陸15号倉庫
	秋田海陸船川5号倉庫
	本社営業所土崎定温倉庫
	秋田北IC営業所（定温・冷蔵物流センター）
	秋田港営業所B棟（定温・定湿倉庫）
	昭和・男鹿IC営業所（定温・定湿物流センター）
	ヨコウン（株）八幡低温倉庫
（株）丸伸運送	大潟村倉庫
	第1倉庫、第2倉庫
（株）三協運輸	低温倉庫

資料：大阪堂島商品取引所ホームページを参考に筆者が作成

ームページをご覧いただくか、または、取引先の商品先物取引業者等にご確認ください。

2．売り玉を受渡決済する（米現物を渡す）

保有している売り玉を受渡決済する、つまり、米現物を先物市場へ売り渡す場合には、原則として当月限納会日の前営業日の午後4時までに、大阪堂島商品取引所が定める荷渡指図書および指定倉庫が発行する在庫証明書（東京コメの場合、指定倉庫が発行する倉荷証券）を商品先物取引業者に差し入れます。ただし、実際の差し入れ期限は商品先物取引業者により異なります。

そのため、あらかじめ、倉庫会社に連絡のうえ、売り渡す米を倉庫に入庫しておく必要があります。新潟コシ、秋田こまちの場合、米の入庫手続完了後、倉庫会社から在庫証明書が発行されますので、荷渡指図書を作成します。東京コメの場合、米の入庫手続完了後、倉庫会社から倉荷証券が発券されますので、社判・社印を押印（記名・捺印）します。

倉庫関係費用としては、指定倉庫への入出庫料、保管料のほか、東京コメの場合は倉荷証券発券費用がかかります。これらは、倉庫会社により異なります。また、指定倉庫へ運送してもらう場合には、別途、運送料が必要になります。

右記以外に必要となる金額としては、商品先物取引業者への受渡手数料と受渡手数料にかかる消費税があります。

これら必要経費を俵あたりに換算すると、新潟コシは140円程度、秋田こまちは181〜184円程度（紙袋、フレコンにより倉庫費用が異なります）、東京コメは250円程度です（標準品との調整額、運送料は含みません。必要経費は業者により異なります。低温保管時は、倉庫料が上がります。2019年10月現在）。

納会日から2営業日後に、受渡代金と受渡代金にかかる消費税が商品先物取引の口座に入金されます。

なお、受渡決済する場合、買い玉を受渡決済する（米を購入する）人を「受方《うけかた》」、売り玉を受渡決済する（米現物を渡す）人を「渡方《わたしかた》」と呼びます。

受渡日よりも早く受渡しを行いたい場合、「早受渡し」を利用することができます。

（3）早受渡し

早受渡しは、当月限の建玉（＝ポジション）が対象です。早受渡しは、偶数月の最初の営業日から当月限納会日の3営業日前までの間に、早受渡しを希望する旨、商品先物取引業者等を通じて、大阪堂島商品取引所に申し出ます。

その際、申出日の4営業日以降当月限納会日の前日までの間で、受渡最終履行日を指定することができます。

早受渡しの申し出があった場合、大阪堂島商品取引所は、これを公表します。

早受渡しのあった建玉と反対の建玉を保有している委託者が早受渡しに応じる場合、商品先物取引業者を通じて大阪堂島商品取引所に申し出ます。応諾の申し出は、早受渡しの申し出があった翌営業日から当月限納会日の2営業日前、もしくは、受渡最終履行日の前営業日までです。

早受渡しの受渡日は、応諾申出日の翌営業日です。

なお、早受渡しの申出をした場合、その建玉について、反対売買を行ったり、早受渡しの申出を取り消したり、変更したりすることはできません。ただし、最終応諾申出日までに応諾がなかった場合を除きます。

（4）合意早受渡し

合意早受渡しは、一口にいうと「オーダーメイドの受渡制度」です。売り方（＝渡方、売り玉の保有者）と買い方（＝受方、買い玉の保有者）の当事者双方が合意することにより、いつでも受渡しができるという制度です。また、当事者双方が合意することにより、「値段」「年産」「産地」「銘柄」「受渡場所（日本国内）」等を自由に決めることができます。そのため、これまでご紹介した期日受渡し、早受渡しと比べると、かなり柔軟性の高い受渡制度といえます。

受渡日は、新甫発会日の翌営業日から納会日の前営業日までの間で、当事者双方が合意した日となります。また、受渡値段は、保有する建玉の限月の受渡日の前営業日における帳入値段です。受渡しされる代金は、受渡値段に当事者双方で合意した格差を加減した金額に受渡しする米の数量を乗じて得た額と、それにかかる消費税です。

たとえば、合意早受渡しは、次のように売買が成立します。

生産者A：秋田こまち8月限の売り玉を保有しています。これを合意早受渡しにより売却したいと考え、商品先物取引業者に伝えました。

商品先物取引業者：秋田こまち8月限に買い玉を保有している自社のお客様に連絡し、生産者Aに応諾する人を探します。

集荷業者B：「8月限月に200円加算した値段で、○○県まで米を持ってきてほしい」と、商品先者取引業者に応諾条件を伝えます。

生産者A：商品先物取引業者から集荷業者Bの条件を聞き、その条件で合意することに決めました。

生産者Aと集荷業者Bの双方が合意に達したため、商品先物取引業者は、合意早受渡しの手続を行い、大阪堂島商品取引所において、生産者Aと集荷業者Bの建玉を決済しました。

翌営業日、集荷業者Bは生産者Aより米を受け取り、生産者Aは大阪堂島商品取引所を介して集荷業者Bから代金を受け取りました。

資料：「RICE　コメ先物取引のご案内～当業者の皆様へ～」大阪堂島商品取引所　を参考に筆者が作成

また、希望する場合には、早受けの応諾をするためにサンプルの問い合わせをすることができます。

渡方（売り方）と受方（買い方）の双方の条件が合意に達すると、「受渡日」「受渡場所」「受渡品の量目」「受渡方法」「その他合意早受渡しの処理に必要な事項」が記載された「合意早受渡し届出書」を、渡方と受方の双方が商品先物取引業者を通じて大阪堂島商品取引所に提出します。

その後、受方は、受渡しにかかる総代金を受渡日の前営業日までに商品先物取引業者に入金し、受渡日に米を受領します。受方の米受領確認の後、渡方は、商品先物取引業者を通して受渡しにかかる総代金を受領します。

（5）立会によらない取引方法

ヘッジや受渡しのために、米先物市場に大量の売買注文を出すと、自分の出した注文によって価格が不利な方向に動いてしまうことがあります。また、注文の全量を同一価格で成立させることができないこともあり得ます。そのような当業者のために設けられた制度がＥＦＰ取引(Exchange of Futures for Physicals)です。

ＥＦＰ取引とは、当業者が現物売買契約を前提に、合意に基づくＥＦＰ取引を行うことを大阪堂島商品取引所に申し出ることにより、個別競争売買によらずに、買い注文と売り注文を成立させる取引です。米先物市場にインパクトを与えることなく取引を成立させることができます。その際、先物市場における同一価格、同一限月、同一数量の売りおよび買い注文であることが必要です。

ＥＦＰ取引には、主に次のような三つのメリットがあります。

①ＥＦＰ取引では、受渡供用品以外（供用期限、受渡単位、指定産地、指定品種銘柄、指定等級、指定包装にとらわれない）、受渡日以外、指定倉庫以外での受渡しが可能です。従って、取引所の受渡条件にとらわれず、オーダーメイドの受渡しをすることができます。

②当事者間で合意した先物価格で市場に参加・離脱できるため、ヘッジを効率的に行うことができます。

図表4－2　EFP取引のキャッシュフロー

		20XX年4月限 先物価格	産地業者A（売手）		消費地業者B（買手）	
			先物市場	現物市場	現物市場	先物市場
9/15	現物売買契約 EFP取引（申出）	16,500	16,500（新規・買）	17,500（契約金額）	17,500（契約金額）	16,500（新規・売）
10/15		（価格上昇）				
10/25	A：コメ調達	17,000	17,000（仕切・転売）	18,000（コメ調達）		
11/15	納入日	（価格下落）		【現物・渡し】	【現物・受け】	
1/30	B：コメ販売	16,200			17,200（コメ販売）	16,200（仕切・買戻）
全体のキャッシュフロー			500	-500	-300	300
			0		0	

資料：大阪堂島商品取引所ホームページ　図表に筆者が加筆修正

③さらに、前述した通り、自らの注文により先物市場の値段が影響を受けることがありません。

EFP取引の一例を挙げてみます（図表4-2）。

9月15日、「新潟県産一般コシヒカリ」を取り扱う産地業者Aさんは、消費地業者Bさんと取引をすることにしました。Bさんは、11

月に米を手配したいと考えています。

まだ新米が収穫されていないため、Aさんは在庫を持っていません。そこで、AさんとBさんは、EFP取引を前提に11月15日を納入日として現物売買契約を締結しました。

契約価格は、9月15日の米先物市場価格1万6500円に1000円のプレミアムを加算した1万7500円としました。

契約時点において、Aさんは収穫された米を仕入れるまでの価格上昇リスク、Bさんは納入日以降、販売先が決まるまでの間の価格下落リスクが発生します。従って、Aさんは買いヘッジ、Bさんは売りヘッジを必要としているため、EFP取引を前提に契約にしたのです。

AさんとBさんは、大阪堂島商品取引所にEFP取引を申し出て、Aさんは買い玉、Bさんは売り玉を1万6500円で保有しました。

10月25日、Aさんは新米を1万8000円で仕入れたため、先物市場の買い玉を1万7000円で転売（＝売り決済）しました。Aさんは、Bさんに米を1万7500円で販売する契約を締結しているのに、仕入価格が1万8000円だったため、米の現物取引では500円の赤字です。しかし、先物市場において1万6500円で買った米を1万7000円で転売したため、先物取引では500円の利益が出ています。従って、価格上昇にもかかわらず、Aさんは、当初予定通り1万7500円で米を販売することができたといえます。

11月15日、契約通り、BさんはAさんから新米を受け取りました。

年明け1月30日、Bさんは、販売先が見つかり、新米を1万

7200円で販売しました。Bさんは先物市場の売り玉を1万6200円で買戻し（＝買い決済）しました。Bさんは、1万7500円で仕入れた米を1万7200円で販売したため、300円の損失が発生しました。しかし、先物市場において1万6500円で売った米を1万6200円で買戻して300円の利益が出ています。従って、価格下落にもかかわらず、Bさんは、販売価格を1万7500円に「固定することができた」といえます。

資料：大阪堂島商品取引所ホームページ記載の事例を参考に、筆者が作成。

ＥＦＰ取引を行うことによって、Ａさん、Ｂさんは、それぞれ自らの注文によって市場価格を変動させることなく、全量を同一価格でヘッジすることができま

図表４－３　EFP取引のキャッシュフロー

		20XX年4月限	産地業者Ａ（売手）		消費地業者Ｂ（買手）	
		先物価格	先物市場	現物市場	現物市場	先物市場
10/20	コメ在庫 Ａ：売りヘッジ	17,400	17,400 （新規・売）	17,250 （在庫価値）		
11/1		（価格上昇）				
11/15	現物売買契約 EFP取引（申出）	17,600	17,600 （仕切・買戻）	17,450 （契約金額）	17,450 （契約金額）	17,600 （新規・売）
11/20	納入日	（価格下落）		【現物・渡し】	【現物・受け】	
12/1	Ｂ：コメ販売	17,150			17,000 （コメ販売）	17,150 （仕切・買戻）
全体のキャッシュフロー			-200	200	-450	450
			0		0	

資料：大阪堂島商品取引所ホームページより抜粋

した。

なお、ＥＦＰ取引は、右記例のように新規にポジションを建てる時だけではなく、決済する時にも利用できます。

たとえば、次のように使うこともできます（図表４－３）。

産地業者Ａさんは、１万７２５０円で仕入れた「石川県産コシヒカリ」新米在庫を持っています。在庫の価格下落リスクを回避するため、10月20日、先物市場において1万7400円で売りヘッジをしました。

11月15日、Aさんは消費地業者Bさんと取引交渉を行いました。Bさんは、12月に米を仕入れたいと考えています。

契約時点において、Aさんは売りヘッジを解消（＝買戻しをする）して先物市場から離脱をしたいと考えています。また、Bさんには、仕入れ以降、販売先が決まるまでの価格下落リスクが発生します。

そこで、AさんとBさんは、EFP取引を前提に、11月20日を納入日として米の現物売買契約を締結しました。契約価格は、11月15日の米先物価格（1万7600円）から150円減算した金額である1万7450円としました。AさんとBさんは、大阪堂島商品取引所にEFP取引を申し出て、Aさんは1万7

600円で売りヘッジを解消（＝買戻しにより決済）し、Bさんは1万7600円で売り玉を持ちました。
11月20日、Bさんは契約通り、Aさんから新米を買い付けます。その後、12月1日に販売先が決まり、1万7000円で米を販売しました。そこで、同時に先物市場における売りヘッジを1万7150円で解消（＝買戻しにより決済）しました。
EFP取引を行うことにより、AさんとBさんは、自らの注文により市場に影響を与えることなく、ヘッジ取引を行うことができました。

資料：大阪堂島商品取引所ホームページ記載の事例を参考に、筆者が作成。

いずれの例も、AさんとBさんは、自らの注文により市場に影響を与えることなく、ヘッジの目的を達成することができています。

また、現物取引の契約を締結する際に、先物市場の価格を指標として利用しています。米先物市場の価格は、このように、契約を締結する際の価格指標として利用することもできるのです。

受渡実績

さて、実際にはどのような受渡方法が一番使われているのでしょうか?

大阪堂島商品取引所が公表する「コメ先物期間レポート Vol.57」(2019年10月10日発表)によれば、米の受渡し全体およそ1万7600トンの内、合意早受渡しが57・4%、期日渡しが42・2%を占めています。早受渡しは、利用が少ないようです。また、実際に受渡された銘柄は、コシヒカリが51・2%と断トツのトップです(図表4-4)。

しかし、上場銘柄ごとに見ると、銘柄によって受渡方法に差があることがわか

図表４－４　米受渡実績（新潟コシ、東京コメ、秋田こまち、大阪コメ）

〈受渡制度別割合〉

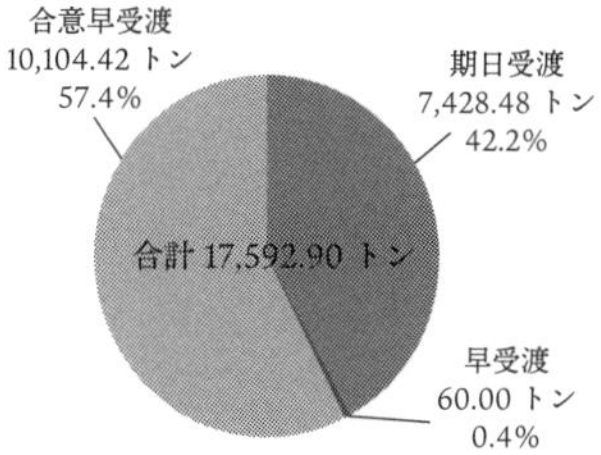

〈受渡銘柄の割合〉

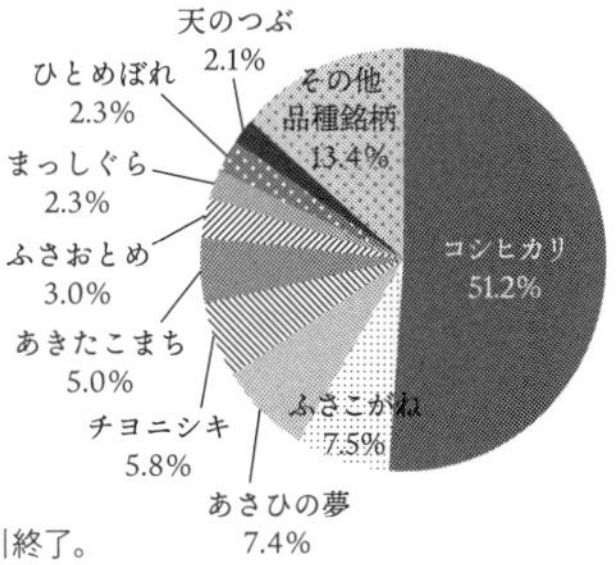

※大阪コメは、2019（平成 31）年 3 月で取引終了。

東京コメ

〈受渡制度別割合〉

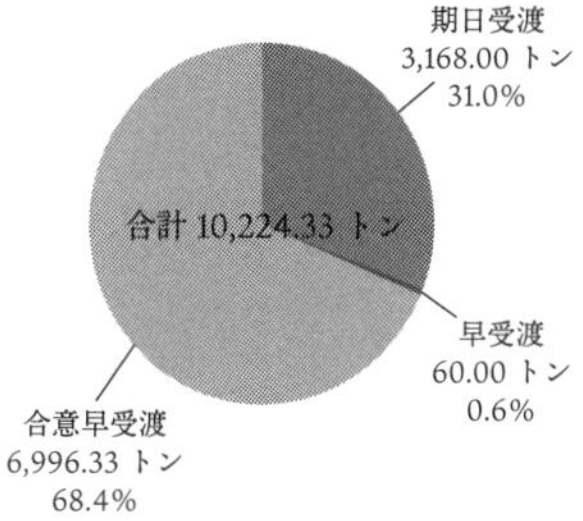

東京コメ

〈受渡銘柄の割合〉

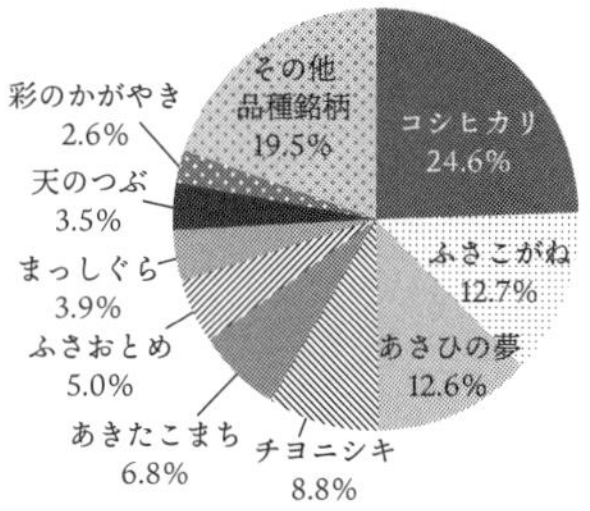

新潟コシ

〈受渡制度別割合〉

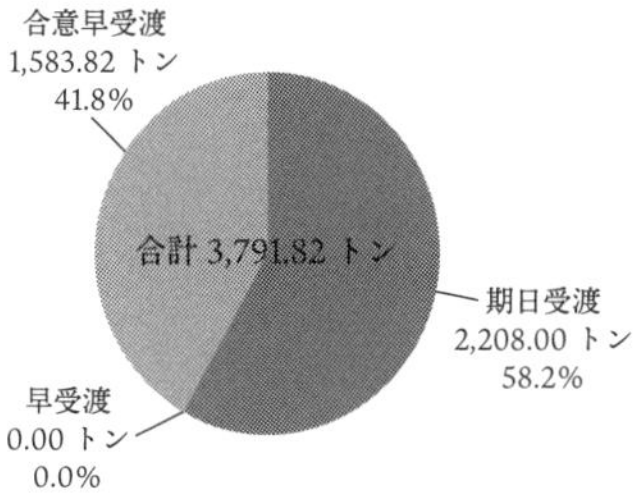

秋田こまち

〈受渡制度別割合〉

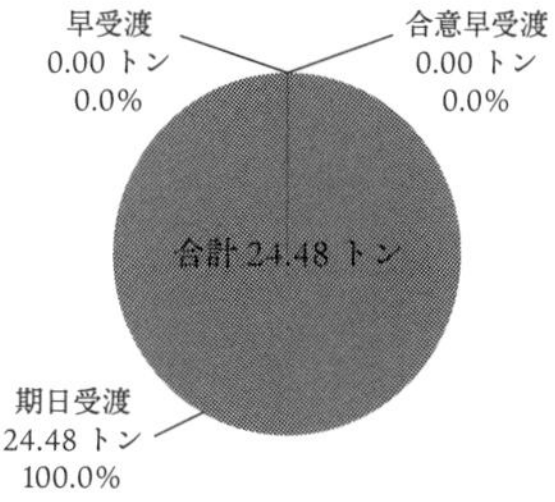

資料：「コメ先物期間レポート　Vol. 57」大阪堂島商品取引所ホームページより

ります。

新潟コシは期日受渡しが58・2％、合意早受渡しが41・8％、東京コメは合意早受渡しが68・4％で期日受渡しが31％です。一方、秋田こまちは、期日受渡しが100％です。秋田こまちは、2018（平成30）年10月に取引を開始した銘柄で、まだ1年しか経過していないため、比較する材料としては微妙といえますが、受渡決済を行う方が銘柄に応じて受渡制度を使い分けているように思えます。

取引に関する書類

商品先物取引を開始すると、商品先物取引業者等からさまざまな書類が送付されてきます。ここでは、それらの内、主な書類について説明しておきます。

一つ目が「取引証拠金預り証（以下、「預り証」）」です。取引をする際に証拠金を預け入れまたは預託した時に、商品先物取引業者等が発行する書類です。「預り証」は、金銭の場合にはその金額、有価証券等の場合には、その銘柄、数量、充用価格が記載されます。

ただし、金融機関からの送金等による入金は、あらかじめ書面により同意している場合に限り、「預り証」の発行を省略することができます。

二つ目が「売買報告書及び売買計算書」です。商品先物市場で売買が成立した場合、商品先物取引業者等は、遅滞なく、その成立内容を書面にて通知しなければなりません。また、受渡決済をした場合には「受渡計算書（通知書）」等が発行されます。注文や成立した取引の内容や預り金残高等を確認し、間違いがあった場合には、すぐに取引している商品先物取引業者等に問い合わせをしましょう。「売買報告書及び売買計算書」や「受渡計算書（通知書）」等は、税金を申告する際に必要となります。そのため、捨てずに保管するようにしてください。

「残高照合通知書」は、定期的に送られてくる書面です。作成日現在における、預り証拠金の残高、証拠金の額、決済していない建玉の状況等が記載されています。また、「残高照合通知書」は他の書類と異なり、内容に間違いがないかを照合する義務が顧客側にもあります。必ず内容を確認し、同封の「はがき」等に必要事項を記入し、返送するようにしましょう。

【コラム】五代友厚、大同生命創始者・広岡浅子と堂島米会所

2015（平成27）年に放送されたNHKの連続テレビ小説「あさが来た」では、主人公あさが五代友厚に連れられて、堂島米会所を見学するシーンがありました。

主人公あさのモデルとなったのは、大同生命の創始者でもある実業家の広岡浅子。実は、広岡浅子、五代友厚は、ともに堂島米会所と深い関係があります。

第2章でご紹介した通り、江戸幕府に堂島米会所が公許されたのは1730（享保15）年でした。その翌年、加島屋4代目当主・広岡久《きゅう》右衛門《えもん》正喜《まさのぶ》は、堂島米会所の米年寄《こめどしより》に任命されています。米年寄は、米会所の総責任者ともいえる役職でした。

広岡浅子は、京都の豪商三井家に生まれ、大坂の豪商加島屋の次男に嫁ぎました。

加島屋は、両替商でしたが、通常の両替商としての業務はほとんど行っておらず、「入替両替」といって米仲買商人に対し、米切手を担保に資金を貸し出す商売を行っていました。

加島屋のような入替両替商の存在により、米仲買商人は、より多くの売買ができたようです。そのシステムは、次のようになっていました（図表4-5）。

①米仲買は入替両替に米切手1枚を預ける（時価60匁）
②入替両替は55匁（時価から5匁下げ）を米仲買に融資（利付）
③米仲買は融資を受けた55匁に自己資金5匁を足せば、もう1枚米切手を購入できる
④さらに2枚目の米切手を入替両替に預ければ…

資料：『大同生命保険所蔵文書の研究・公表』中間報告　江戸幕府の経済政策と加島屋」平成24年6月28日大同生命保険株式会社、神戸大学経済経営研究所講師　高槻泰郎／著　より抜粋

図表４－５　大阪米市場における米切手取引の流れ

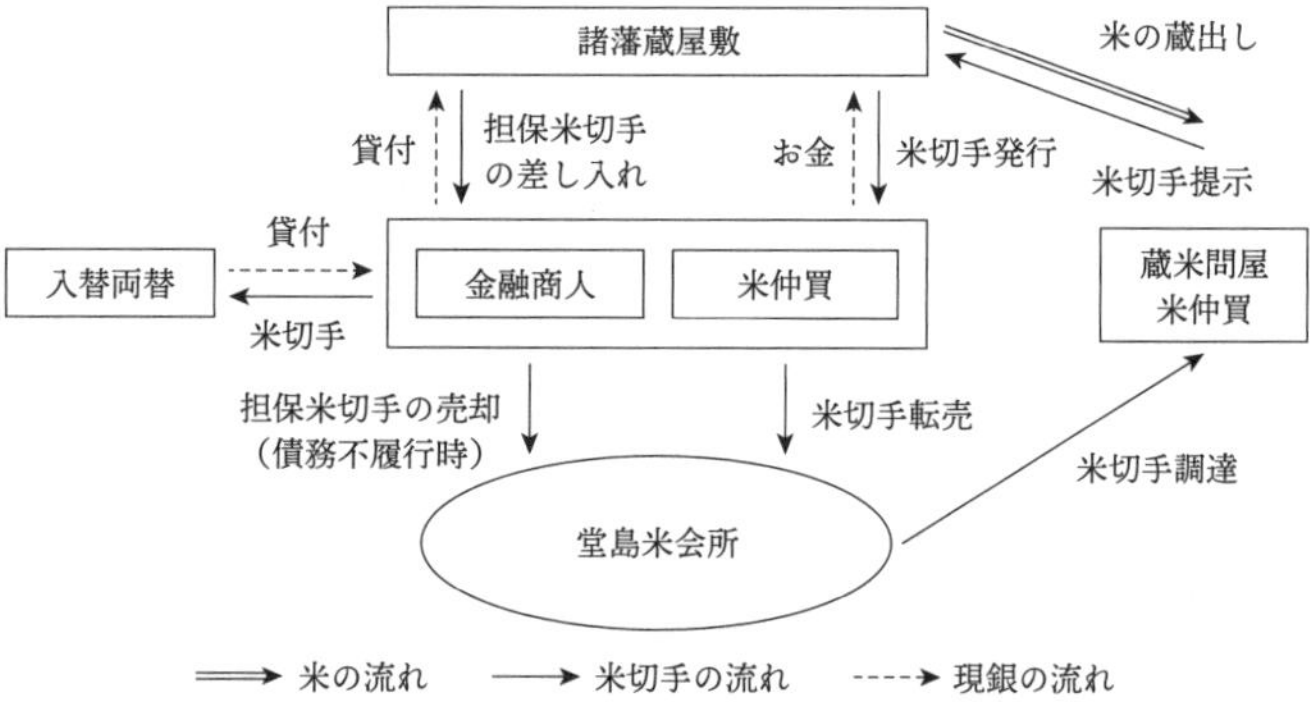

資料：「近世米市場の形成と展開　幕府司法と堂島米会所の発展」高槻泰郎／著　名古屋大学出版会　79頁の図を参考に執筆者が作成

1782（天明2）年における加島屋の勘定目録（年間収入・支出明細）によれば、加島屋の収入の95％程度、およそ12億5600万円（銀一貫＝83万円として計算）は、大名貸し・入替両替による利子収入になっていました。*ちなみに、大名貸しとは、徴収する予定の年貢米を担保に、大名に融資をすることです。

浅子が嫁いだ加島屋は、堂島米会所に必須の事業を行っていたといえますね。

それでは、「東の渋沢、西の五代」と呼ばれる五代友厚と堂島米会所は、どのような関係があったのでしょうか？

さて、時代は少し進んで1854（嘉永7・安政元）年、日本は200年余り続いた鎖国を解き、開国しました。その後、低品位の貨幣を大量発行したことや、幕末の政情不安等によりインフレが加速していきます。1859（安政6）年から1867（慶応3）年までの8年間における物価上昇は、たとえば米や大豆が8倍、酒が10倍になる等凄まじいものでした。米会所を「物価高の元凶」とした新政府は、1869（明治2）年、堂島米会所を閉鎖してしまいます。

しかし、米会所の閉鎖により価格基準を失った米価はさらに高騰していきます。そこで、後に大阪証券取引所理事長となった米穀商の磯野小右衛門らの陳情により、1871（明治4）年、新政府は、堂島米会所の再開を許可したのでした。同所は1873（明治6）年には大阪油相《そう》庭《ば》会所と合併し「堂島米油相庭会所」と改称し、その頭取には、広岡浅子の義弟、加島屋の9代目広岡久右衛門正秋が就任しました。

1876（明治9）年、「米商会所条例」が施行されると、磯野小右衛門らは、油取引を切り離した株式会社組織の「大阪堂島米商会所」を設立します。この設立の隠れた後援者が五代友厚でした。同所の運営には、自由経済主義・競争原理が取り入れられたそうです。

五代友厚は、堂島米会所を再興しただけでなく、近代的な取引所を設立した人物といえます。その後、五代は、渋沢栄一とともに株式取引所設立に奔走します。１８７８（明治11）年「株式取引所条例」によりわが国初の証券取引所が誕生しました。同条例は、前述の「米商会所条例」を参考に作られたものです。つまり、米の商品先物取引は、証券取引の先輩ともいえるのです。

ちなみに、五代友厚には大相場師の一面もあったようです。１８７９（明治12）年末から１８８０（明治13）年にかけて、米価が騰勢を続け未曾有の高値圏となりました。この要因は、西郷隆盛率いる反乱、いわゆる西南戦争における費用を賄うために刷った大量の紙幣がインフレをもたらしたことにあるようです。その時、五代友厚は、貧民救済のためと称して、売り軍団を結成し、米市場に猛烈な売りを浴びせる（＝米を大量に空売りする）仕手戦をしています。この時、五代友厚を資金面でも強力に支援したのは、住友の総理事だった廣瀬宰平でした。

Column

＊「『大同生命保険所蔵文書の研究・公表』中間報告　江戸幕府の経済政策と加島屋」平成24年6月28日大同生命保険株式会社、神戸大学経済経営研究所講師　高槻泰郎／著

第5章

投資先としての米

米で資産運用?のメリット

1．為替変動の影響がない

「食べる米で資産運用？　なんだかピンと来ないな〜」と感じる方もいらっしゃるかもしれません。

米を資産運用先として考えた時、最大のメリットは「為替変動の影響を受けない」ということです。商品先物取引において、主流となっている上場銘柄は金やプラチナ、原油、トウモロコシ、大豆等で、いずれも国際商品と呼ばれます。

たとえば、トウモロコシは、第2章で触れたように、世界最大の生産・輸出国は米国です。国際的な指標価格として取引の基準になっているのは、米国ＣＭＥグループのシカゴ商品取引所（ＣＢＯＴ）の先物価格です。

また、原油も、米国が世界最大の生産国・消費国です。そのため、米国の消費・生産動向は、その価格形成に大きな影響があります。原油について、世界の指標価格として取引の基準となっているのは、ＮＹＭＥＸ（ニューヨーク・マーカンタイル取引所）に上場されるＷＴＩ原油です。

そのため、これら国際商品について、日本国内における価格は、ドル／円の影響を大きく受けます。

ちなみに、原油、トウモロコシともに、日本は、ほぼ１００％輸入に依存しています。両商品ともに、国内では、ＪＰＸグループ傘下の東京商品取引所に上場されていますが、いずれも消費国としての値決め、価格発信となります。

一方、米はどうでしょうか？　米は、原則として、日本で生産したものを国内で消費しています。従って、為替変動の影響を受けません。ちなみに、大阪堂島商品取引所に上場される米の価格は、生産国としての値決め、価格発信となります。

詳しくは後述しますが、投資先として米を見た時、「為替変動の影響を受けない」ことは、投資家にとって非常に大きな魅力です。

2．資産運用の基本

ここで、少し資産運用の基本概念について、簡単にご説明します。

一般的に、「リスク」とは「損失を被る可能性」と解釈されています。第1章でご紹介した「純粋リスク」です。「純粋リスク」とは、それが発生するとコストや損失が発生するリスク、言い換えれば、「潜在的損失を有している」リスクです。

第1章でご紹介した「リスク」はもう一つありました。「投機的リスク」です。これは、それが発生すると、利益になることも、逆に損失となることもある類のリスク、言い換えれば、「潜在的利益・潜在的損失の双方を内包する」リスクです。

資産運用の世界におけるリスクとは、後者の「投機的リスク」を意味します。

資産運用を考える際、リスクは「平均値を基点に、どの程度損益が散らばっているか」で計算します。つまり、資産運用の世界では、プラスだけではなく、マイナスの時も含めた「損益のブレが大きい」ものをリスクが高い、と評価します。

逆に「損益のブレが小さい」ものは、リスクが低いと評価されます。

それでは、資産運用における損益のブレを小さくするためには、どうすればよいのでしょうか?

１９９０（平成２）年にノーベル経済学賞を受賞したハリー・マーコヴィッツは、「複数の資産に投資することにより、リスクを低減する効果が期待できる」と提唱しました。これは、現代における資産運用の基礎理論となっています。

ただし、ただやみくもに複数の資産に投資すればいい、というわけではありません。

原則として、分散投資を行う際には、価格変動の連動性が低い、つまり収益率の増加・減少傾向が一致しない資産同士を組み合わせて投資すると、リスク軽減効果が期待できます。

この価格変動の連動性（=相関性）は、相関係数でプラス１からマイナス１までの数値で表すことができます。２資産間に連動性があり、収益率の増加・減少傾向が一致する場合、相関係数はプラス１に近づいていきます。これを「正の相関」といいます。２資産間の連動性が逆となる時、たとえば一方が増加傾向となる時にもう一方が減少傾向となる時、相関係数はマイナス１に近づいていきます。

これを「負の相関」といいます。ちなみに、プラス1ちょうどを「正の完全相関」、マイナス1ちょうどを「負の完全相関」と呼びます。

また、2資産間の収益率の変動が無関係の場合、相関関係はゼロとなります。これを「無相関」といいます

従って、分散投資を行う際は、「負の相関」または「無相関」を組み合わせるとよい、ということがいえます。

投資家にとって主流の投資先である日本株式への投資は、ご承知の通り、為替変動の影響を受けます。米と主要な投資先との相関関係を図表5-1に掲載しました。米は、為替変動（ドル／円）とは無相関であり、その他の主要投資先との相関性もほとんどないことがおわかりいただけるでしょう。

「為替変動の影響を受けない」米が、投資家にとって魅力的な投資先である理由、ご理解いただけましたか？

3．天候や政策などの情報を把握しやすい

図表5－1　米と主要投資先との相関関係
期間：2015年1月2018年4月（月間終値）

	東京コメ	国内株価	ドル円	国内債券	REIT（不動産投資信託）
東京コメ	1.0				
国内株価	0.2	1.0			
ドル円	0.0	0.6	1.0		
国内債券	0.1	-0.6	-0.5	1.0	
REIT（不動産投資信託）	0.2	0.1	-0.1	0.2	1.0

資料：東京コメは、大阪堂島商品取引所　東京コメ先限つなぎ足（月間）、国内株価は、東証株価指数（配当込み、月間終値）、ドル円はヤフー株価のデータより抜粋、国内債券はNOMURA-BPI総合（資料出典元は日立国内債券インデックスファンド（運用報告書第14期～第18期）、REITは(NEXT FUNDS)東証REIT指数連動型上場投信 の月間終値を使用して、筆者が相関係数を算出し作成。

農作物の相場を見る際、播種から収穫までの期間は、天候等の気象条件が非常に重要となります。

たとえば、国際商品のトウモロコシの場合、作付け時における米国中西部（いわゆるコーンベルト地帯）における天候に注目が集まります。昨今は、インターネット環境により海外の天候もすぐにわかります。しかし、一般的には、日本に住む投資家にとって、米国中西部の天候や作付けされたトウモロコシの状況について、情報を得て、理解するのは難しいといえます。さらに「時は金なり」です。情報を早めに入手したいと思えば、誰かが日本語に翻訳するのを待たずに、英語のままで読まなくてはなりません。

一方、国内の天候であれば、毎日、日本語でその情報に接することができます。

少し話はそれますが、昭和の時代、「赤いダイヤ」という小説が一世を風靡したことをご存じでしょうか？「赤いダイヤ」とは、小豆のことです。小豆の商品先物取引、いわゆる小豆相場を舞台にしたお話ですが、TBSでテレビドラマ化され、後に藤田まこと主演、マドンナ役三田佳子で映画化もされました。テレビや映画の影響もあり、当時、小豆相場が大変に活況を呈しました。この時、北海道へ赴き、小豆の作付けの様子を確認した投資家もたくさんいたそうです。国内の銘柄ならでは、のお話ですね。

また、農作物に関しては、国の政策をチェックすることも非常に大切です。

たとえば、米国では、エタノール政策の導入により、世界のトウモロコシ市場の需給を大きく変革させました。すでに、米国のトウモロコシ生産量に占めるエタノール需要は、飼料需要を上回っています。

日本においても、米は政府の政策と大きな関係があります。すぐに情報を入手でき、しかも外国語から日本語に翻訳する必要がないという点は、米を資産運用先として考えた時、日本人投資家にとって利点といえるでしょう。

米の価格変動要因

1.「天候相場」と「需給相場」

米は、日本全国で一年一作の農作物です。収穫期に大量に供給されたものを保管し、翌年の収穫期まで消費していきます。一般的に、収穫期は供給が増え、収穫前の端境《はざかい》期《き》は在庫が品薄になる傾向があります。従って、米の価格には季節性があります。

農産物の価格は、天候要因、需給要因、政策等に影響します。米も同様で、田植えから収穫までの「天候相場期」、収穫期以降の「需給相場期」に分けることができます。

「天候相場」期とは供給主導、「需給相場」期は需要（在庫）主導の相場といえます。一般的に、天候相場期は天候次第で一喜一憂するため、相場は荒っぽくなる傾向があります。

また、同じ米であっても、新穀限月と旧穀限月とでは、値動きが異なることもあります。

ちなみに、新穀限月とは、新たに収穫された米を対象にした限月、旧穀とは、新穀より前に収穫された米を対象にした限月を意味します。

（1）天候相場

天候相場期は、供給（＝生産）主導の相場であり、天候、作付面積、作柄が価格変動要因です。

米は、地域により異なりますが、4月頃に苗箱に種を植え、苗を育てます。その前、3月頃に農林水産省（以下、農水省）より「主食用米等の作付意向（2月末現在）」、3月上旬に「水稲の10a当たり平年収量（予想）」が発表されます。

5月くらいから田植えをし、稲を育成していきます。田植えの時期は、低温が収量の低下を招きます。5月下旬頃、農水省より「主食用米等の作付意向（4月末現在）」が発表されます。

7月頃には、農水省より「水稲の作柄表示地帯別10ａ当たり平年収量」「生産者の米穀在庫等調査（6月末見込み）」が発表されます。

8月頃から出穂（＝さやから緑色の穂が出る）、開花（＝穂に花が咲く）します。開花して1週間くらいが受粉期です。この時期の天候は、収穫量に大きく影響します。低温は収量減につながります。また、夏場に日照時間が少なく、低温傾向だった場合、病害虫が発生しやすくなるため注意が必要です。病害虫については、毎月、農水省から発表される「病害虫発生予報」が参考になります。8月下旬には、農水省より「水稲の8月15日現在における作柄概況」が発表されます。

受粉後、1カ月ほどかけて花が硬い実（穂）になります。9月中旬頃、この穂が黄金色になり、葉が枯れてくると収穫期となります。この時期は病害虫のほか、スズメ等の鳥獣被害も心配されます。9月下旬には、農水省より「水稲の作付面積及び9月15日現在における作柄概況」「水田における作付状況(9月15日現在)」

が発表されます。

10月頃から稲刈り、収穫期です。10月下旬には、農水省より「水稲の作付面積及び予想収穫量（10月15日現在）」が発表されます。稲刈りの時期は、台風の時期と重なりますので、生産地に台風被害が出ることもあります。

米は、温暖な気候を好みますので、天候相場期は、病害虫被害のほか、特に長雨、冷害、収穫期の台風などに注意が必要です。

（2）需給相場
収穫期の終わる頃から需給相場に入っていきます。需給相場期は、需要（在庫）主導の相場のため、消費・在庫動向に加え、政策で価格が変動します。

米は、国内では、生産・需要ともに年々減少傾向にあります（図表5-2）。昭和40年代には、1000万トンを超える生産・需要がありましたが、2019（令和元）年産の主食用米等生産量は726万トンでした。[*1]ご承知の通り、日本は人口が減少傾向にあります。また、米は主食ではあるものの、パンや麺の消費

図表5－2　米の全体需給の動向（昭和35年～）

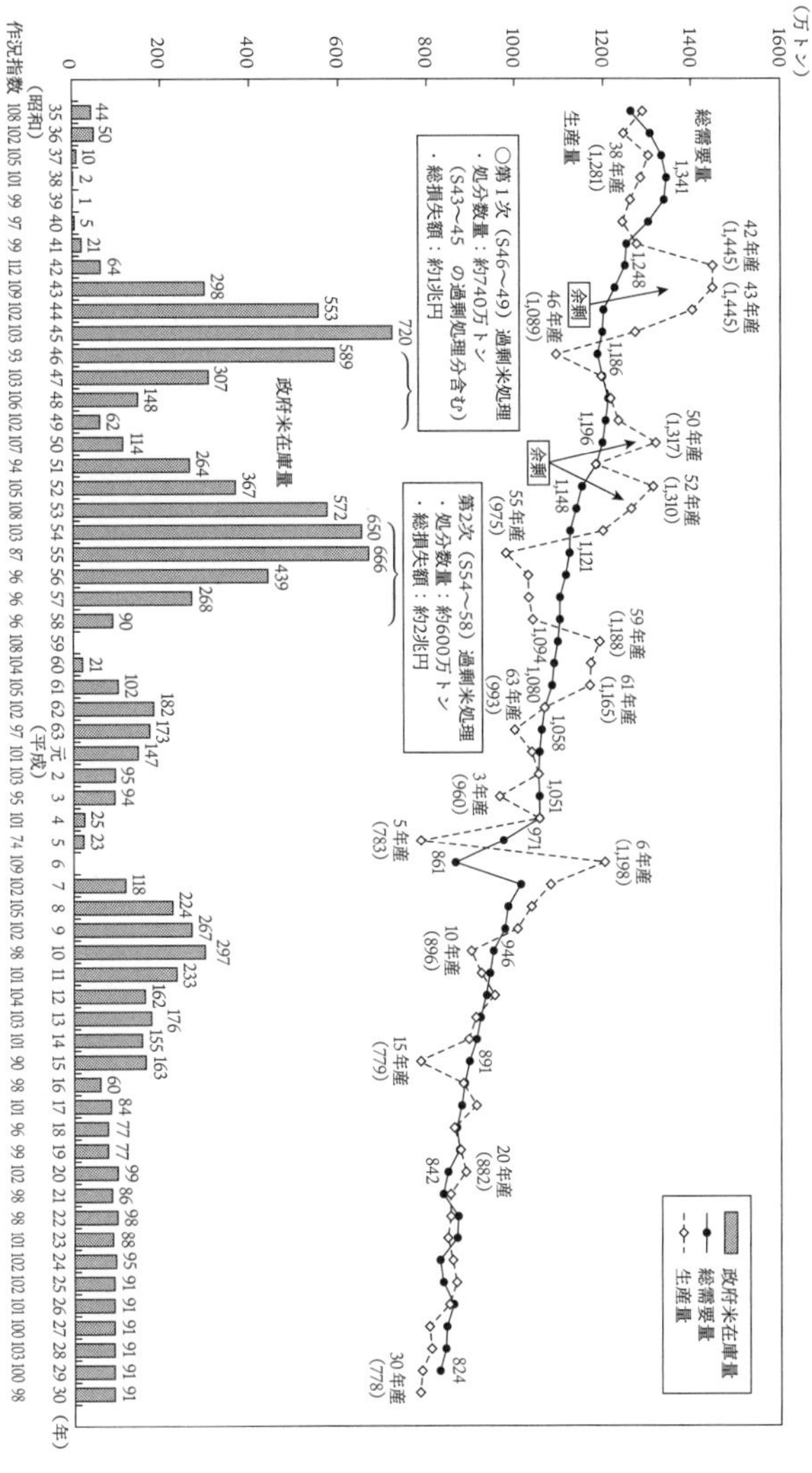

注1. 政府米在庫量は、外国産米を除いた数量である。
2. 政府米在庫量は、各年10月末現在である。ただし、平成15年以降は各年6月末現在である。
3. 平成12年10月末の政府米在庫量は、「平成12年緊急総合米対策」による援助用隔離等を除いた数量である。
4. 総需要量は、「食料需給表」（4月～3月）における国内消費仕向量（陸稲を含み、主食用（米菓・米穀粉を含む）のほか、飼料用、加工用等の数量）である。
ただし、平成5年以降は国内消費仕向量のうち国産米のみの数量である。
5. 生産量は、「作物統計」における水稲と陸稲の収穫量の合計である。

資料：「米をめぐる関係資料」令和元年7月　農林水産省より作成

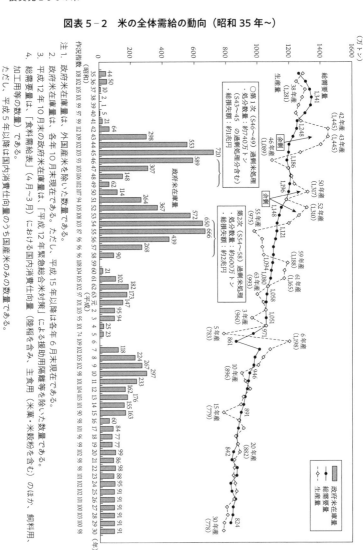

も増加傾向にあります。そのため、当分、この傾向は続くものと思われます。

需給に関するデータは、米穀機構（公益社団法人　米穀安定供給確保支援機構）から、毎月、ＤＩ調査（米取引関係者の判断に関する調査）が公表されています。これは、米取引関係者に対して行ったアンケート結果を指数化したものです。需給動向や価格水準等の取引動向に関する、現状判断、見通し判断が指数化されています。需給動向は、数値が前月より１００に近づけば、現状判断は「締まっている」、見通し判断は「将来、締まる」という見方が前月より強いことを示します。価格水準は、数値が前月より１００に近づけば、現状判断は「米価水準が高い」、見通し判断は「米価水準が高くなる」という見方が前月より強いことを示します。また、同機構は、毎月、「米の消費動向調査結果」を発表しています。各家庭の消費・在庫動向が把握できます。

農水省からは、12月中旬に「水陸稲の収穫量　※当年産の収穫量・作況指数等」が発表されます。

また、米の消費のおよそ3割は、中食・外食が占めています。中食とは、惣菜や弁当等を買って食べることを指します。そのため、今後は、景気動向も米の消費に影響してくることが考えられます。

なお、農水省や米穀機構が公表するデータは、いずれも同省・同機構のホームページで閲覧できます。

＊1　「作物統計」農林水産省大臣官房統計部　令和元年産水陸稲の収穫量（主食用）令和元年12月10日公表

2. 国の政策等

政府は、適正在庫水準を毎年6月末時点で100万トン程度として、政府備蓄米を保有しています（図表5－2）。これは、10年に1度の不作にも備えられる量とのことです。備蓄米の買い入れは、毎年20万トンずつを5年かけて、原則として、2月から6月頃までに分けて行います。

また、水稲うるち玄米の1等比率の検査は通年で行われ、毎月、農水省より「米の農産物検査結果」が公表されています。

なお、農水省は、毎年3月下旬、7月下旬、11月下旬に「米穀の需給及び価格の安定に関する基本指針」を発表しています。これには、政府の基本方針のほか、需要実績、需給見通し、政府備蓄、米の輸入に関する状況や方針が掲載されます。

需給に始まり需給に終わる

商品の世界には、「相場は、需給に始まり需給に終わる」という言葉があります。これは、モノの価格は、需要と供給のバランスで決まる、ということを表した言葉です。

需要とは「いくらで」「どの数量」買いたいか、ということであり、供給とは「いくらで」「どの数量」売りたいか、ということです。つまり、需要と供給のバランスを決める要素は「価格」と「数量」です。

供給側は、価格が上昇すればより多くの商品を市場に供給し売り上げを伸ばそうとします。逆に価格が下落すれば、供給量を減らして価格維持を図るでしょう。需要側は、価格が上昇すれば購入を手控えます。逆に価格が下落すればより多く購入しようとするかもしれません。

この需要側と供給側の数量が一致する均衡点が「その商品の価格」です。逆にいえば「需要と供給の関係は、価格によって調整される」といえます。

これは、筆者の個人的な受け止め方ではありますが、現在の日本の米政策について、政府は、一定水準以上の価格維持を図っているように思えます。もちろん、米は日本の主食ですから、その生産者を保護することは非常に大切なことです。

しかし、国産米と輸入米の価格差は2・5〜4倍程度あります。[*1] 消費者の立場から見れば、高い米を買わされていることになります。食生活が欧米化傾向にある現代において、食卓の主役がいつまでも米であり続けるとは限りません。また、日本は、すでに人口が減少傾向にあります。一般的には、人口が減少すれば、需要も減少します。

そのような環境下で政府が価格維持政策を継続するのであれば、需要と供給の関係から、需要の減少速度をさらに早めることになるのではないかと、少し心配してしまいます。

＊1　資料：「米をめぐる関係資料」令和元年7月　農林水産省より

米商品先物取引で資産を運用する方法

1．価格の上昇・下落で利益を追求

投資の基本は「価格上昇を期待して買い、上昇したら転売する」です。加えて商品先物の場合には、第1章で説明したように「価格下落を期待して売り、下落したら買戻す」という手法により利益を追求することも可能です。つまり、この二つが商品先物市場における基本的な資産運用方法です。

①価格上昇を期待して買い、上昇したら転売する

取引にかかる損益のシミュレーションをしてみましょう。取引に際しての条件は、次の通りとします。

新潟コシの委託者証拠金　1万円
委託手数料（片道）　1100円（税込み）
預り証拠金は、全額現金で5万円

たとえば、新潟コシの価格上昇を予想し、1万6000円／俵で新規に2枚（25俵×2枚）買ったと仮定します。その後、予想通りに価格が上昇し、1万7000円／俵で転売しました。

この時の粗利益は、

（1万7000円－1万6000円）×25倍×2枚＝5万円

売値　　　買値　　　倍率　枚数

粗利益から往復の委託手数料を差し引くと、純利益は、

5万円－1100円× 2 ×2枚＝4万5600円

粗利益　委託手数料　往復分　枚数　純利益

取引終了後に手元に戻ってくる資金は、預り証拠金と純利益の合計になるため、

5万円　＋　4万5600円　＝　9万5600円

預り証拠金　純利益　手元に戻る資金

となります。

②価格下落を期待して売り、下落したら買戻す

では逆に、価格下落を予想して売りから入った場合の損益シミュレーションをしてみましょう。取引に際しての条件は、先程と同じにします。

たとえば、新潟コシの価格下落を予想し、1万7000円／俵で新規に2枚（25俵×2枚）売ったと仮定します。その後、予想通りに価格が下落し、1万6000円／俵で買戻しました。

この時の粗利益は、

（1万7000円－1万6000円）×25倍×2枚＝5万円

　売値　　　買値　　　　倍率　枚数

粗利益から往復の委託手数料を差し引くと、純利益は、

5万円－1100円×　2　×2枚＝4万5600円

粗利益　委託手数料　往復分　枚数　　純利益

取引終了後に手元に戻ってくる資金は、預り証拠金と純利益の合計になるため、

5万円　＋　4万5600円　＝　9万5600円

預り証拠金　　純利益　　　　　手元に戻る資金

となります。

価格上昇を期待して「買い」から取引を始めた場合も、価格下落を期待して「売り」から取引を始めた場合も、値動きの幅、手数料、売買枚数が同じであれば、損益は同額になります。

③価格上昇を期待して買ったものの、予想に反して価格が下落

次は、損失が発生したケースを考えてみましょう。取引に際しての条件は、先程と同じにします。

たとえば、新潟コシの価格上昇を予想し、1万6000円／俵で新規に2枚（25俵×2枚）買ったと仮定します。その後、予想に反して価格が下落し、帳入値段が1万5500円／俵になったとします。この時、値洗い損益は、次の通りとなります。

（1万5500円−1万6000円）×25倍×2枚＝▲2万5000円

帳入値段　買値　倍率　枚数　値洗い損

この時、「総額の不足額」を計算してみましょう。

総額の不足額

5万円−（2万5000円＋1100円×2×2枚）−1万円×2枚＝600円

預り証拠金　値洗い損　委託手数料　往復　枚数　委託証拠金　枚数

現金授受予定額

受入証拠金の総額

計算結果が0より大きいため「総額の不足額」は、発生していません。なお、通常であれば、「現金不足額」も計算しますが、このケースでは有価証券を差し入れまたは預託していないため計算しません。

その後、さらに価格が下落し、帳入値段が1万5000円／俵になったとします。この時、値洗い損益は、次の通りとなります。

（1万5000円－1万6000円）×25倍×2枚＝▲5万円

帳入値段　買値　倍率　枚数　値洗い損

この時、「総額の不足額」を計算してみましょう。

総額の不足額

5万円　－　（5万円　＋　1100円×2×2枚）－　1万円　×2枚

預り証拠金　値洗い損　委託手数料　往復　枚数　委託証拠金　枚数

＝▲2万4400円

計算結果が0より小さいため「総額の不足額」が発生しています。この時、取引の継続を希望する場合には、不足額以上の額を入金するか、もしくは、取引を終了するため損失覚悟で決済します。この口座状況で損決済した場合、口座内資金は残らず、逆に不足額を翌営業日正午までの商品先物取引業者が指定する期限までに支払うことになります。

このように、商品先物取引は、当初差し入れまたは預託した資金を上回る損失が発生することもありますので、取引の際には注意が必要です。

2．価格の上昇・下落に関係なく利益を追求

商品先物取引には、価格の上昇・下落に関係なく、利益を追求する方法があります。

それは「鞘取り」という手法です。鞘とは価格差のことです。「鞘取り」とは、同じような値動きをする2商品の一方を売り、他方を買うことにより、両者の価格差の拡大（または縮小）で利益を追求する手法をいいます。商品先物市場だけ

ではなく、株式市場でも利用されている投資手法の一つです。たとえば株式の場合、同業種などの相関性の高い2銘柄のうち「割高な銘柄を売り、割安な銘柄を買う」という鞘取りが行われることがあります。

商品先物市場で利用される代表的な鞘取りの方法は、次の3種類です。

①同一商品・異限月間：同じ商品でも限月によって価格が異なるため、この限月間の価格差＝鞘を利用します。

②同一商品・異市場間：たとえば、小豆は東京商品取引所と大阪堂島商品取引所に上場されています。このように、商品は同じでも市場が違っている場合、その市場間における価格差を利用します。米の場合、大阪堂島商品取引所しか上場されていないため、この手法は国内の米市場では利用できません。

③異商品間：商品は異なっていても、値動きに相関性がある商品同士の価格差を利用します。大阪堂島商品取引所に上場される新潟コシ、秋田こまち、東京コメは、いずれも国内産の米であるため、値動きに相関性があります。ちなみに、

前述した同業種における株式の鞘取りもこれに分類されます。

鞘取りでは、鞘（=価格差）の縮小を予想した時には「価格が高い限月（商品）を売り、価格が安い限月（商品）を買い」ます。その後、予想通り価格差が縮小した場合「売った限月（商品）は買戻し、買った限月（商品）は転売」することにより決済します。

逆に、鞘（=価格差）の拡大を予想した場合には「価格が高い限月（商品）を買い、価格が安い限月（商品）を売り」ます。その後、予想通り価格差が拡大した場合「買った限月（商品）は転売、売った限月（商品）は買戻し」することにより決済します。鞘の拡大・縮小いずれを狙う場合も、買いと売りを仕掛けるタイミングは同時に行い、決済も同時に行います。

また、注文枚数は、同倍率となるよう計算します。同一商品同士で行う①の場合、倍率は同じです。そのため、売りと買いを同枚数にします。

一方、②と③の場合、倍率が異なることがあります。その場合には、売りと買いの「枚数×倍率」が同一になるように計算します。たとえば、東京コメと新潟コシで鞘取りを行う場合、東京コメの倍率は200倍、新潟コシの倍率は25倍のため、東京コメ1枚に対し、新潟コシは、200倍÷25倍＝8枚　の取引を行います。

①から③のうち、初心者向けなのは①同一商品・異限月間の鞘取りといえます。なぜならば、同一商品の場合、倍率を調整する必要がありません。また、限月は違っても同じ商品のため、②③の組み合わせに比べれば価格連動性が高いという特徴があります。

米の商品先物取引は、6限月制です。そのため、新潟コシの限月間鞘取りの組み合わせだけを考えてみても、15種類もあります。鞘取りを行う人は、3番限と6番限の組み合わせを好む人が多い傾向にあるようです。当限に近ければそれだけ納会日（取引最終日、決済期限）が近く日数的余裕がないこと、限月同士が近すぎると鞘の動きが小さくなる傾向にあること等がその理由です。

なお、商品先物取引においては、当限の価格には現物の需給バランス、先限の価格には将来の期待が反映されます。そのため、限月間の鞘は、図表5-3のように変化していく傾向があります。もちろん、この図表と同様にきれいに変化していくわけではありません。同一商品・異限月間の鞘取りの場合、現在の鞘の形状が、将来どのように変化していくのかを予想して、投資を行います。

一般的に、鞘の変動は、その商品そのものの値動きに比べ、ゆるやかになる傾向があります。たとえば商品価格が急激に上昇・下落した際であっても、鞘の変動は、その影響をあまり受けない、ということがいえます。そのため、鞘取りは、買いまたは売りの片方だけで売買を行う片張りの取引に比べると、ゆったりと取引を行うことができます。

ただし、鞘の拡大または縮小が予想と反対の方向に進んだ場合には、売り買い双方で損失となることもあり得ます。また、出来高が極端に少なく想定外の値段で約定してしまう、相場状況によっては売りと買いの片方の注文しか約定しない、などの事態が発生することもあり得ます。つまり、鞘取りは、リスクがない取引ではないことはもちろん、必ずしもリスクが低い取引といえるわけでもない、と

図表5－3　鞘の変化サイクル

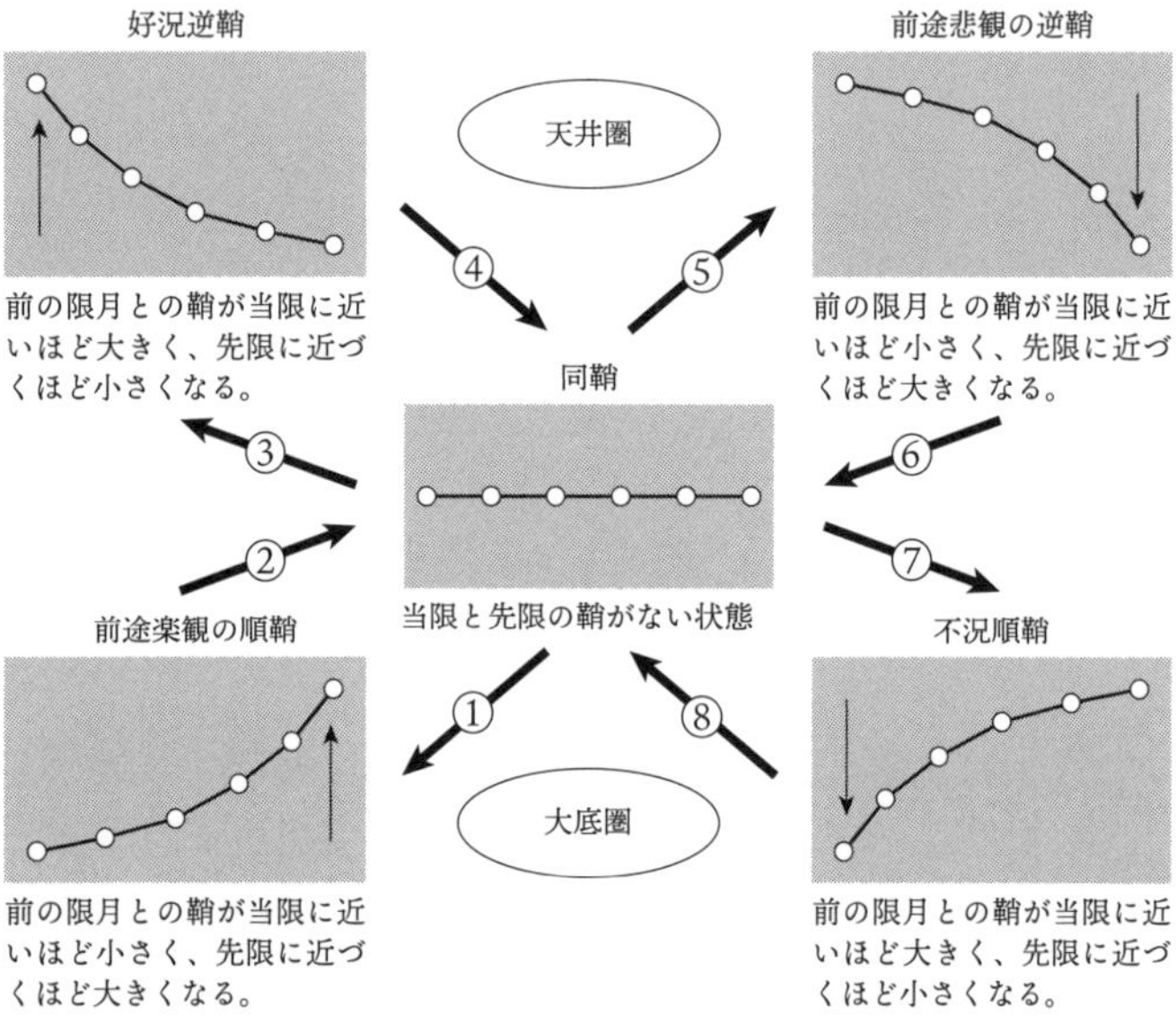
好況逆鞘
前途悲観の逆鞘
天井圏
前の限月との鞘が当限に近いほど大きく、先限に近づくほど小さくなる。
前の限月との鞘が当限に近いほど小さく、先限に近づくほど大きくなる。
同鞘
当限と先限の鞘がない状態
前途楽観の順鞘
不況順鞘
大底圏
前の限月との鞘が当限に近いほど小さく、先限に近づくほど大きくなる。
前の限月との鞘が当限に近いほど大きく、先限に近づくほど小さくなる。

①大底圏では、売り人気の買戻しで先限から上昇→順鞘
②期先が上昇すると、先高感から在庫の売り控えが発生し期近も上昇→同鞘
③現物の供給不足から期近が大きく上昇→逆鞘
④期近に比べ、期先に割安感台頭。期先が上昇→同鞘　天井圏
⑤高値が増産を招き、供給過剰を予測した売りで期先が下落→逆鞘
⑥期先に比べ、期近に割高感が台頭。期近が下落→同鞘
⑦現物の供給過剰から期近が大きく下落→順鞘
⑧期近に比べ、期先に割高感が台頭。期先も下落→同鞘　大底圏

資料：『入門　商品投資のすゝめ』三次理加／著　同盟出版サービスより作成

いうことに注意しましょう。

3．現物と先物を組み合わせた鞘取り

①の鞘取りの変形で、現物と先物を組み合わせた取引もあります。ただし、この取引ができるのは、米の場合、米現物を取り扱える生産者や集荷・卸業者に限定されます。

たとえば、期近が安く期先に向かうに連れ高くなる順鞘《じゅんざや》（図表5-3参照）の時に、当限を買うと同時に先物を売ります。その後、納会日となった時に、当限は差金決済せず、受渡決済により現物を受け取ります。その後、先物が当限となり納会を迎えた時に、この受けた現物を渡すことにより決済します。こうすると、買った値段と売った値段の鞘（＝価格差）が利益になります。

また、期近が高く期先に向かうに連れ安くなる逆鞘《ぎゃくざや》（図表5-3参照）の時は、在庫を持っている人であれば、現物と先物を組み合わせた鞘取りが可能です。順鞘と手順が逆になります。当限を売って、同時に先物を買います。その後、納会日となった時、当限は差金決済せず、受渡決済により現物を現渡し（＝売り渡し）します。その後、先物が当限となり納会を迎えた時に、受渡決済により現物を受け（＝引き取り）ます。こうすれば、もともと保有していた米と同量の米が手に入り、かつ、売った値段と買った値段の鞘が利益になります。さらに、当限を現渡しすることにより得た資金の一部について、現受けするまでの間、運用して運用益を得ることも可能です。

ただし、現物を使った鞘取りを行う際、注意していただきたいことがあります。それは、第４章で説明した通り「消費税は、約定値段ではなく、受渡値段（＝当月限の最終帳入値段）を基に算出する」ということです。

また、順鞘の際の現物・先物を使った鞘取りは、当限の買い玉を現受けにより決済します。先物が当限になり、現渡しするまでの間、倉庫料等の経費がかかります。

さらに、現物を使った鞘取りであっても、先物市場における決済が終了するまでの間は、通常の先物取引と同様、建玉を保有していることになります。そのため、預入金額と相場の変動によっては、第3章で説明した「総額の不足額」「現金不足額」が発生し、資金を入金しなければならないこともあります。これらの資金繰りが上手くできない場合には、現物と先物を使った鞘取りが上手く機能しなくなることもあり得ます。

現物と先物を使った鞘取りは、卸・集荷業者の方であれば、在庫調整や倉庫料を節約する手段の一つにもなります。この鞘取りは、映画にもなった「赤いダイヤ」の時代、昭和初期くらいまでは、小豆や生糸相場等で業者が盛んに取引していたようです。

商品先物取引で失敗しない方法

商品先物の世界で、プロのファンドマネージャーやディーラー等が最も重視していることは何でしょう?

それは、「資金管理」と「建玉管理」です。

1．資金管理

商品先物取引で失敗しないためには、資金管理が非常に重要です。そのためには、相場を客観的に捉える必要があります。

相場の世界には「心動けば相場に曲がる」という格言があります。これは、動揺は損失につながる、という意味です。たとえば、その資金を失ったら明日からの生活に困る、というのであれば、客観的になるのは難しいでしょう。相場を客観的に捉えるために大切なことは、まず「余裕資金で取引をする」ということです。

また、投資の世界では、チャンスの波は何度もやってきます。有名な投資家やファンドマネージャー、商社等が投資の世界で勝ちやすいのは、投資資金が潤沢にあることも要因の一つです。「相場で損をしない」ということは誰であれ不可能です。たとえ損をしたとしても、何度でもチャレンジできるように余裕を持って資金を管理することが非常に大切です。1回の勝ち負けではなく「トータルで勝つ」という考えを持ちましょう。

加えて、常に総取引金額を意識するようにすることをお勧めします。商品先物取引のような証拠金取引を行う際、忘れてはいけないことは「損益は常に総取引金額に応じて発生する」ということです。

損失額が最大でいくらになるか、常に計算しておきましょう。

たとえば、新潟コシを1万6000円／俵で1枚（＝25俵）買う場合、総取引金額は40万円です（委託手数料等諸経費は考慮しないものとする）。相場が下落すれば、含み損が発生します。しかし、理論上、新潟コシの価格は0円／俵以下にはなりませんよね？　つまり、「買い」から取引を開始した場合、総取引金額が最大損失額といえます。

一方、「売り」の場合には、取引の最大リスク額は総取引金額を超えることがありますので注意が必要です（図表5‐4）。ただし、米現物を売り渡す場合、この考えは不要です。

筆者は、実際に出した証拠金の金額に気持ちがいってしまい、総取引金額を忘

図表５－４　取引の最大リスク額

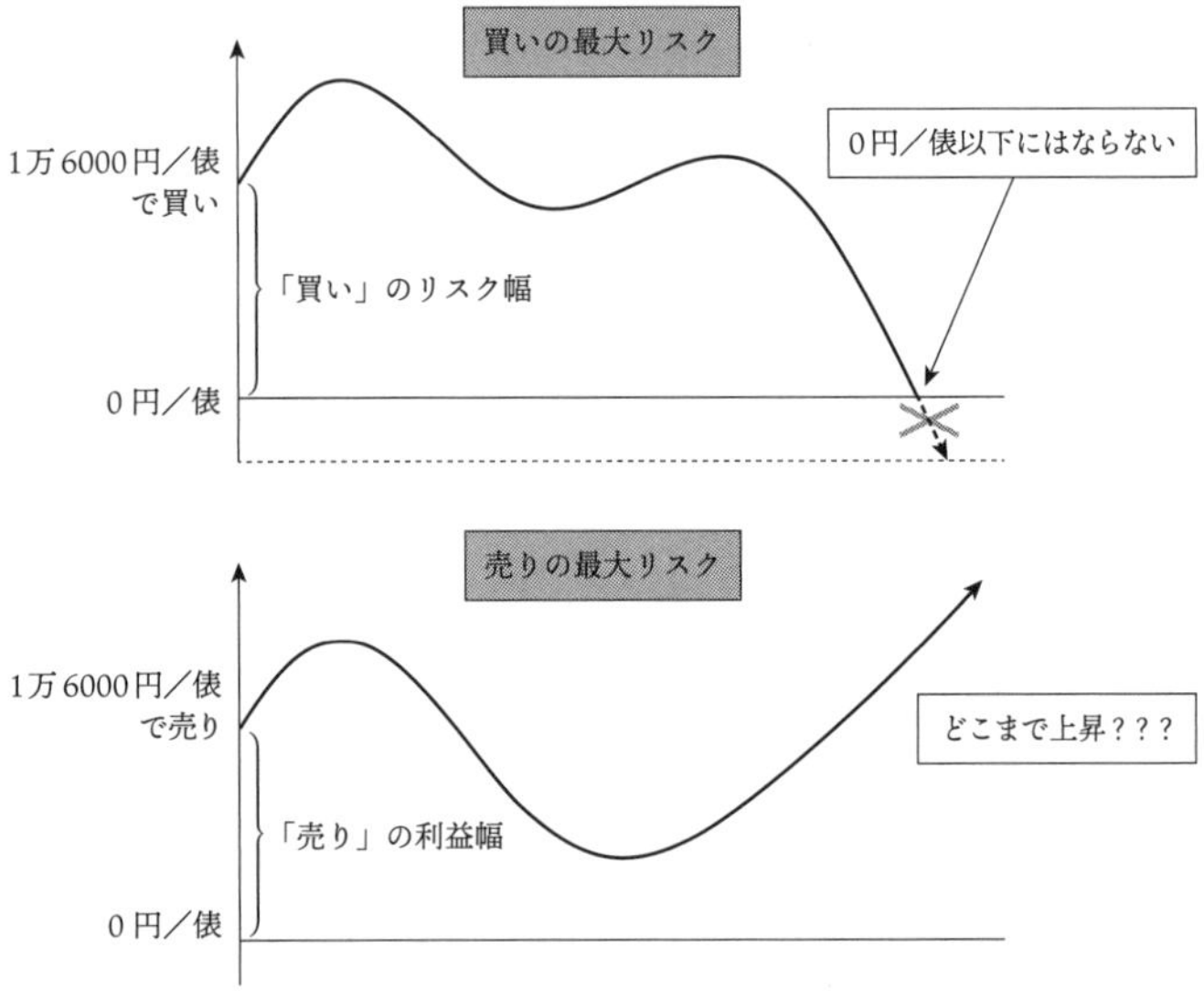

れてしまう人を多く見てきました。「相場のカネと凧の糸は出し切るな」という相場格言があります。これは「相場とは全財産を投じてやるものではない、金の切れ目は運の切れ目。手元に余裕資金を残して臨むべきである」という意味です。商品先物取引で失敗しないためには、自身の損失許容額を知り、総取引金額を意識しながら取引をすることが大切だといえます。

2．建玉管理

商品先物取引で失敗しないためには、建玉管理も非常に大切です。建玉（＝ポジション）を持ちすぎない、ということを忘れないでください。

たとえば、投資家等の資金を運用するプロのファンドマネージャーは、限られた資金の範囲内で投資を行い、成果を出さねばなりません。そのため、資金や建玉の管理には、とても気を配っています。商品先物取引で運用する際、彼らが投資資金の全額を使って取引することはまずありません。証拠金として使うのは資金の1割から2割程度です

資金のすべてを証拠金にあて、資金の上限まで取引することは避けましょう。ちなみに、私は、商品先物取引初心者には、投資資金の1割以内に証拠金が収まるように計算し、建玉することをお勧めしています。

商品先物取引をはじめ、投資で「絶対に儲かる」方法はありません。しかし、大きな損失を被らない、「失敗しない方法」ならあるといえるでしょう。それは、

徹底した自己管理にある、といっても過言ではありません。

「商品先物取引はしてみたいけれど、初心者だし、資金管理や建玉管理にまだ自信が持てない…」

「入金した資金を超える損失は、絶対に避けたい…」

そのような方は、「損失限定取引」を検討しましょう。

3. 損失限定取引

「損失限定取引」とは、「初期投資額を上回る損失が発生するおそれのない商品先物取引」です。原則として、「損失限定取引」における最大の損失額は、当初差し入れまたは預託した証拠金額を上回ることがありません。

「損失限定取引」では、取引開始時に、投資家と商品先物取引業者等との間で「ロスカット水準」と「ロスカット限度水準」の価格および証拠金額等について契約をしておきます。言い換えれば、「これ以上の損失は出さない」水準で投資家と商品先物取引業者等が合意し、それに見合う証拠金額を差し入れまたは預託します。

仮に、保有する建玉が予想に反して不利な方向に動き、価格がロスカット水準に達した場合、それ以上の損失拡大を防ぐため、自動的に決済（＝手仕舞い）注文が出されます。これをロスカット注文といいます。通常は、ロスカット注文が成立することにより、この取引は終了します。

しかし、たとえばストップ高、ストップ安をつけるなど、急激な相場変動等により売買注文が買いまたは売りの片側だけに集中し、「買えない（または売れない）」という事態に陥った場合には、ロスカット注文が成立しないこともあり得ます。仮に、ロスカット注文が成立せずに値洗い損がさらに拡大し、ロスカット限度水準に達した場合、商品先物取引業者等は、商品取引所が定めるルールに則って、投資家の注文をロスカット限度水準で成立させ（＝ストップロス取引）、取引を終了させます。従って、損失額が当初差し入れまたは預託した証拠金額を上回ることはありません。ただし、委託手数料と委託手数料にかかる消費税については、この損失額に含まれません。そのため、取引結果によっては、取引終了時に、委託手数料と委託手数料にかかる消費税について入金しなければならないこともあり得ます。

ちなみに、ロスカット限度水準は、商品取引所が過去における値動き（ある約定値段から次の約定値段までにおける最大の価格差）を参照し基準となる変動率を定めます。商品先物取引業者等は、それ以上の額をロスカット限度水準として設定します。そのため、ロスカット限度水準は商品ごと、商品先物取引業者等ごとに異なります。

なお、「損失限定取引」の提供の有無や実際の運用方法は、商品取引所の規程および取引所のシステム対応状況、商品先物取引業者等により異なりますので、「損失限定取引」を希望する場合には、取引先の商品先物取引業者等にご確認ください。

コメeワラントで手軽に投資

「もっと手軽に米に投資できないものかしら？」

そのような方は、株式会社ＳＢＩ証券が取り扱っている「コメｅワラント」を検討してみるのもいいかもしれません。

「コメｅワラント」とは、「対象原資産のコメを、特定の価格で、満期日に、購入または売却する権利を売買する」金融商品です。数千円から1万円程度の少額の資金から投資できます。商品先物取引のような証拠金取引ではないため、相場状況により不足金等が発生することはありません。従って、投資額が最大損失額となります。また、「コメｅワラント」の価格は、対象原資産となるコメの数倍の値動きをするため、資金効率も良いといえます。

大阪堂島商品取引所に上場される「秋田こまち」「新潟コシ」を対象原資産とする「コメｅワラント」が取引できます（２０１９年10月現在）。

「コメｅワラント」では、対象原資産の価格上昇を期待する場合には「コール」、価格下落を期待する場合には「プット」を購入します。

「コメｅワラント」の値動きは、対象原資産の値動き×実効ギアリング　で計算されます。実効ギアリングとは、倍率のことです。簡単にいえば、実効ギアリングが2倍の場合、対象原資産である新潟コシが3％上昇したら、その新潟コシのeワラントは3％×2倍＝6％上昇するということです。なお、「プット」の場合、実効ギアリングはマイナスで表示されます。

このように、「コメeワラント」の値動きは、対象原資産の値動きの影響を大きく受けます。また、この他にも「コメeワラント」には、次のような値動きの特徴があります。

①対象原資産の価格変動が大きい（＝ボラティリティが高い）場合には、「コメeワラント」の価格は上昇し、逆に、対象原資産の価格変動が小さい（＝ボラティリティが低い）場合には、「コメeワラント」の価格は下落します。

②満期日までの期間が短くなるに連れ「コメeワラント」は減価する傾向があります。

「コメeワラント」には、権利行使価格という目標値があります。「コール」の場合、満期日に対象原資産が権利行使価格に達すれば満期決済金を受け取れます。「プット」の場合、逆に、満期日に対象原資産が権利行使価格を下回れば満期決済金を受け取れます。いずれも、満期決済金が投資額を上回れば利益になります。ただし、「コール」の場合、満期日に対象原資産が権利行使価格に達しなかった場合、利益はゼロとなります。逆に、「プット」の場合、満期日に対象原資産が権利行使価格を下回らなかった場合、利益はゼロとなります。

従って、「コメｅワラント」で利益を得る方法は、①買った値段より高い値段で売る　②満期に投資額より高い満期決済金を受け取る　のいずれかとなります。「コメｅワラント」は一般的な金融商品に比べ、少し複雑な仕組みを有しています。詳細については、株式会社ＳＢＩ証券にお問い合わせください。

【コラム】「米商いは軍術と同じ」

「万人が　万人ながら強気なら　たわけになりて　米を売るべし」

これは、誰もが強気になる相場は天井となる可能性が高く、ここは買わずに売り抜けなければならない、という意味の相場格言です。

「たわけになりて　米を売るべし」という言葉からもわかるように、これは、米相場の中で作られてきた格言です。米相場に関する相場格言は、現代の商品相場だけではなく、株式相場等、いわゆる投資と呼ばれるすべてに通じるものが数多くあります。それは、相場の勝ち負けは、相場の上昇・下落で決まるのではなく、投資をする人が相場と対峙する時に必要な「心」の持ちようが決めるからではないでしょうか。

江戸時代、堂島の米相場で連戦連勝し、「相場の神様」「出羽の天狗」の異名を取った投機家がいました。その名は、本間宗久。彼は、酒田罫線（酒田五法）という、現代の株式市場やFX等でも使われるチャートを作り出したともいわれています（ただし、本当に酒田罫線を作った人が本間宗久であるか否かの真偽のほどは明らかではないようですが…）。

Column

本間宗久が遺したという秘伝書には、米相場に関して次のような記載があります。

「米商いは踏み出し大切なり」[*1]

「冬中正月頃迄、底値段の米は五、六月上がるべし。冬中より正月二月頃迄天井値段の米は五、六月下がるべし。五月十分に下がる時は六月急上げなり。五月下がらざれば六月決して崩るべし、疑いなし。七、八、九、十月迄も底値段の米は十二月迄に上がると心得べし」

「豊年に米売るな」

「凶作に米買うな」

「三略六韜《とう》の書は武芸軍術の奥儀にてその備えを堅うし、陣をなすの術なれども、毎度敵を打ち破り、勝ちを取ること計りはならぬものと見ゆるなり。米商いは軍術と同じ、凡そ数万人商いするも法立てと言うことなし。此の三位の伝は三略六韜の書よりも自由に考え置きたるものなり。七月甲に廻り、三年寒り、是れすなわち八陣なり。敬い大切に所持すべきものなり」

「米商いは軍術と同じ」のくだりでは、備えが大切であることを説いています。相場も軍術と同じように、方針をしっかり立て、備えを固めたうえで臨まなければならないということです。商品先物取引のルールを知ることは当然のことながら、資金管理、建玉管理をしっかり行い、自分なりの投資方針を立ててそれを守ること、これが肝心です。

本間宗久の秘伝書を読むと、米相場の値動きの特徴についてはもちろんですが、投資する際の気持ちの在り方等についても非常に多く言及しています。たとえば、

「上げ下げを取る心にては、年中休みなく、相場に連れ、心動き騒ぐものなり。それ故損出るなり」

「相場にさからい宜しからず、慎むべし」

「心持ち第一なり」

といったものが挙げられます。

相場は「売るべし　買うべし　休むべし」。「休むも相場」と言いますが、本間宗久もまた、「相場を休む」大切さを繰り返し述べています。

米の商品先物取引で資産運用を始める際、または相場を休んでいる間、本間宗久が遺した秘伝書や相場格言を勉強してみるのもいいかもしれませんね。

＊1　「　」内は、すべて下記資料より引用。『本間宗久相場三昧伝―相場道の極意―』株式会社投資レーダー／発行

第6章

税金・会計、トラブルになる前に知っておきたいこと

商品先物取引と税金

商品先物取引を行った結果、その損益にかかる税金は、どのようになるのでしょうか？

個人が商品先物取引で差金決済を行った結果、利益となった場合には、「先物取引に係る雑所得等の金額」として、他の所得と区分して、20％（所得税15％[*1]・地方税5％）の税率による申告分離課税となります。申告分離課税とは、他の所得と合算しないで税金を計算する課税方法のことです。そのため、税務署へ確定申告する必要があります。

税金を計算する際には、1月から12月までに「決済した」売買損益を合計します。複数の商品先物会社を利用していた場合、それらもすべて合算します。「決済した」取引が対象となるため、値洗い損益（＝含み損益）は対象外です。次に、算出した合計金額から委託手数料、委託手数料にかかる消費税などの必要経費を差し引きます。最後に、前述の税率を掛けて支払うべき税額を算出します。

この「先物取引に係る雑所得等の金額」を計算する際には、商品先物取引だけではなく、有価証券先物取引、有価証券指数等先物取引、有価証券オプション取引並びに外国為替証拠金（ＦＸ）取引と損益通算ができます。ただし、現物株式との損益通算はできません。

ご参考までに、確定申告の必要がない方で、給与所得と退職所得以外の所得合計が20万円以下だった場合には、確定申告の必要はありません。

また、商品先物取引で差金決済を行った結果、損失となった場合には、一定の要件の下で、その損失の金額を以後3年間にわたり繰り越し、その繰り越された年分の「先物取引に係る雑所得等の金額」を限度として、「先物取引に係る雑所得等の金額」から差し引くことができます。一定の要件とは、「所得税の確定申告書付表（先物取引に係る繰越損失用）」「先物取引に係る雑所得等の金額の計算明細書」等を添付した確定申告書を毎年、提出するなどです。

なお、現物の受渡しにより損益が発生した場合には、その現物の税制が適用されます。

＊1　ただし、2013（平成25）年1月から2037（令和19）年12月までの間は、所得税15％に復興特別所得税（所得税額の2・1％）を掛け合わせた15・315％となる。

仕訳はどうするの？

農家や米小売店、飲食業等は、個人で経営する個人事業主も多いと思います。もしかしたら、取引に関して、振替伝票等への記帳もご自身でなさっているかもしれませんね。

そこで、米の購入、在庫管理、価格変動リスクのヘッジ等を行った場合の仕訳について、簡単に説明しておきましょう。

なお、説明を簡単にするために、米代金にかかる消費税、委託・受渡し手数料、委託・受渡し手数料にかかる消費税、銀行間の送金手数料等の諸経費は省略しています。

例1

複数のレストランを経営する佐藤さんは、米を先物市場から購入することにしました。9月1日に、商品先物取引の口座に50万円を送金しました。9月2日に、新潟コシ12月限1枚（25俵＝1500キログラム）の買い注文を出したところ、1俵（60キログラム）あたり1万6000円で成立しました。新潟コシの委託者証拠金は1万円／枚でした。

その後、12月20日の納会日に受渡決済しました。受渡日は、12月22日でした。

例1は、米先物市場を利用して、米を購入したケースです。仕訳は、図表6-1をご参照ください。

図表6－1　お米を先物市場で購入

9月1日　商品先物取引の口座に50万円を送金				
差入保証金	500,000	／	銀行口座	500,000
9月2日　新潟コシ買建約定				
仕訳なし				
12月20日　新潟コシ受渡決済				
前払金	400,000	／	差入保証金	400,000
※お米総代金は、1万6000円×25俵＝40万円				
12月22日　新潟コシ受渡日				
仕入れ	400,000	／	前払金	400,000
※その後、差入保証金の残額を銀行口座に送金してもらう場合には、下記の仕訳をします。				
銀行口座	100,000	／	差入保証金	100,000

例2

農家の鈴木さんは、収穫した秋田こまち204俵を在庫として保有しています。
この在庫について、買い手が見つからないため、先物市場で売却することにしました。
2月1日に、商品先物取引の口座に50万円を送金しました。２月２日に秋田こまち４月限１枚（２０４俵＝１万２２４０キログラム）の売り注文を出したところ、１俵（60キログラム）あたり１万５０００円で成立しました。秋田こまちの委託者証拠金は５万円／枚でした。

その後、鈴木さんは、納会日の前営業日にあたる４月19日までに、米２０４俵分を商品先物取引の会社が指定する倉庫に入庫しました。４月20日の納会日に予定通り、受渡決済しました。受渡日の４月22日に売却代金３０６万円を受け取りました。

例2は、米先物市場を利用して、米を売却したケースです。仕訳は、図表6-2をご参照ください。

なお、先物市場で売り受渡しにより決済する場合、米を指定倉庫に入庫する必要があります。そのため、倉庫までの配送料、倉庫保管料の支払いが発生します。

図表6－2　お米を先物市場で売却

2月1日　商品先物取引の口座に50万円を送金

差入保証金	500,000	／	銀行口座	500,000

2月2日　秋田こまち売建約定
仕訳なし

4月19日　倉荷証券を商品先物取引の会社に預託
仕訳なし

4月20日　秋田こまち受渡日

未収金	3,060,000	／	売上高	3,060,000

※売却代金は、1万5000円×204俵＝306万円

※その後、売却代金と差入保証金を銀行口座に送金してもらう場合には、下記の仕訳をします。

銀行口座	3,560,000	／	未収金	3,060,000
			差入保証金	500,000

また、倉庫会社が倉荷証券を発行する場合には倉荷証券発行手数料が発生することがあります。倉庫に関わる費用については、銘柄や受渡方法により異なります。詳細については、取引時に商品先物取引の会社の担当者に確認するようにしましょう。

例2のケースにおいて、先物市場で売り注文が成立した後に、買い手が見つかった場合はどうなるでしょうか？

例2-2

農家の鈴木さんは、収穫した秋田こまち204俵を在庫として保有しています。

この在庫について、買い手が見つからないため、先物市場で売却することにしました。2月1日に、商品先物取引の口座に50万円を送金しました。2月2日に、秋田こまち4月限1枚（204俵＝1万2240キログラム）の売り注文を出したところ、1俵（60キログラム）あたり1万5000円で成立しました。秋田こまちの委託者証拠金は5万円／枚でした。

ところが、3月に入ってから、鈴木さんのところに、秋田こまちを買いたいという業者Aが現れました。価格を確認したところ、先物市場で成立した1万5000円より高い1万5500円でした。

そこで、鈴木さんは、3月1日に、在庫の秋田こまち204俵を業者Aに売却し、翌2日に、先物市場の売り玉を反対売買により差金決済したところ、1万5500円で成立しました。

例2-2のケースにおける仕訳は、図表6-3をご参照ください。

このケースでは、鈴木さんは、業者Aに当初想定価格より500円高く売ることができました。しかし、先物市場で500円損失となっています。結果として、鈴木さんは当初想定した価格で在庫を売却し、想定した売却代金を手に入れることができたといえます。

ただし、業者Aに米を売却した利益にかかる税制と、商品先物取引の差損益金にかかる税制は異なります。そのため、米を売却した損益と商品先物取引の損益が同額であっても、売買にかかる手数料や税制の違いによる差額が生じることに注意しましょう。

図表6－3　お米を先物市場で売り、その後、お米を業者Aに売却。先物市場の売り玉を反対売買により差金決済

2月1日　商品先物取引の口座に50万円を送金

差入保証金	500,000	／	銀行口座	500,000

2月2日　秋田こまち売建約定

仕訳なし		／		

3月1日　業者Aに売却し

売掛金	3,162,000	／	売上高	3,162,000

※業者Aへの売却代金は、15,500円×204俵＝3,162,000円

3月2日　先物市場の売り玉を反対売買により差金決済

商品先物決済損益	102,000	／	未払金	102,000

※反対売買による損益は（15,000円-15,500円）×204俵＝-102,000円

※その後、業者Aより売却代金が銀行口座に送金された場合には、下記の仕訳をします。

銀行口座	3,162,000	／	売掛金	3,162,000

※その後、商品先物取引口座内資金を銀行口座に送金してもらう場合には、下記の仕訳をします。

未払金	102,000	／	差入保証金	500,000
銀行口座	398,000			

法人の場合

法人が商品先物取引を行った場合、その売買損益は、決済日の属する事業年度の益金または損金に算入します。委託手数料等の必要経費は、損金に計上します。

また、値洗い損益（＝評価損益）は、期末時点で決済を行ったものとみなされます。そのため、期末日における取引所の最終値段で決済したものとして計算を行い、その（評価）損益について、当該事業年度の益金または損金に算入します。

なお、期末に計上した（評価）損益は、翌期首に戻し入れ処理を行います。

ヘッジ会計

ヘッジを行う際、忘れてはいけない会計処理があります。それは「ヘッジ会計」です。

仮に、ヘッジ取引により現物取引と先物取引の損益を相殺でき、価格変動リスクを回避することができたとします。しかし、このヘッジ取引が会計上、ヘッジ取引として認定されないことも考えられます。

たとえば、ある企業がヘッジ取引を行ったとします。会計上、この取引がヘッジ取引として認定されず、在庫（ヘッジ対象）が原価評価され、商品先物取引（ヘッジ手段）の損益が時価評価された場合、どのようになるでしょうか？

例3

米卸売業者のB社は、米1俵（60キログラム）あたり1万5000円で仕入れました。在庫の値下がりリスクを回避するため、先物取引で売り注文をしたところ、1枚（1俵＝60キログラム）あたり1万5000円で成立しました。

期末を迎えた時、B社の予想通り、米価格は値下がりし、米1俵あたり1万4000円になりました。この時、米先物価格も値下がりし、1枚あたり1万4000円でした。

翌期になり、B社は仕入れた米を販売すると同時に、米先物取引の売り玉を反対売買により差金決済しました。価格は、期末同様、米1俵あたり1万4000円、先物の買戻し価格も1枚あたり1万4000円でした。

例3のケースの場合、現物を販売することにより米1俵あたり1000円の損失が発生しましたが、先物取引で1枚あたり1000円の利益が発生したため、損益は発生していません。ヘッジ対象の損益とヘッジ手段の損益を相殺できているため、ヘッジ取引が上手く機能したといえます。しかし、この取引がヘッジ会計と認定されなかった場合、期末において、先物取引の評価益が課税対象となります。仮に税率50%とした場合、米1俵あたり500円を税金として支払わねばなりません。つまり、税額分だけ損益にズレが生じてしまいます（図表6－4下図）。

図表6－4

○ヘッジ会計が認められた場合

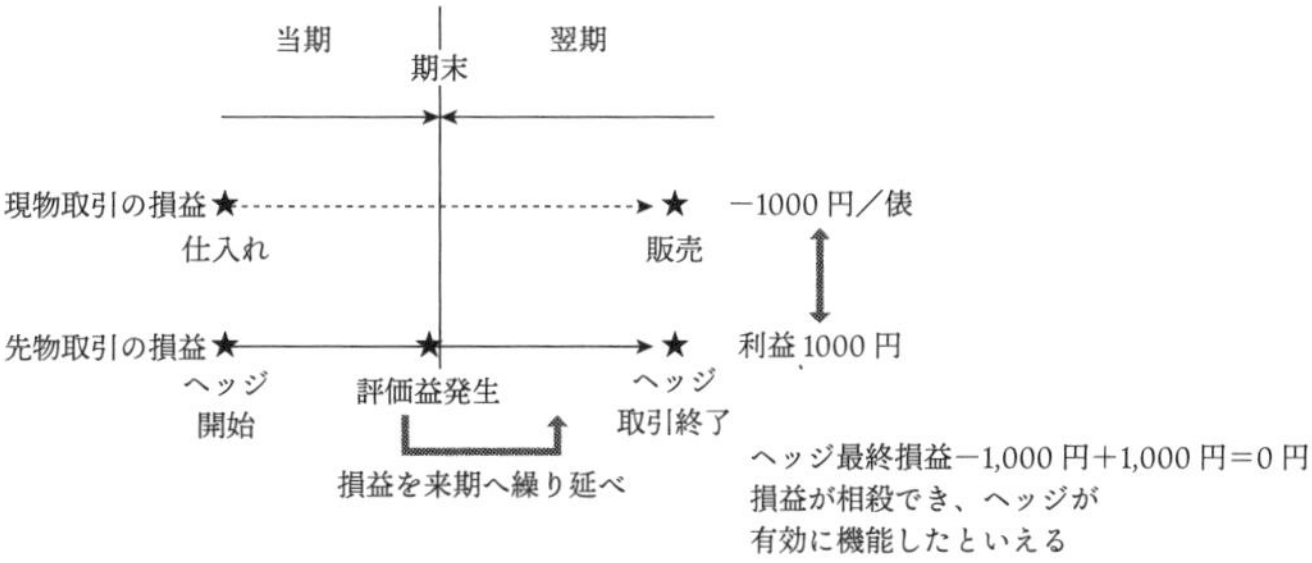

○ヘッジ会計が認めらなかった場合

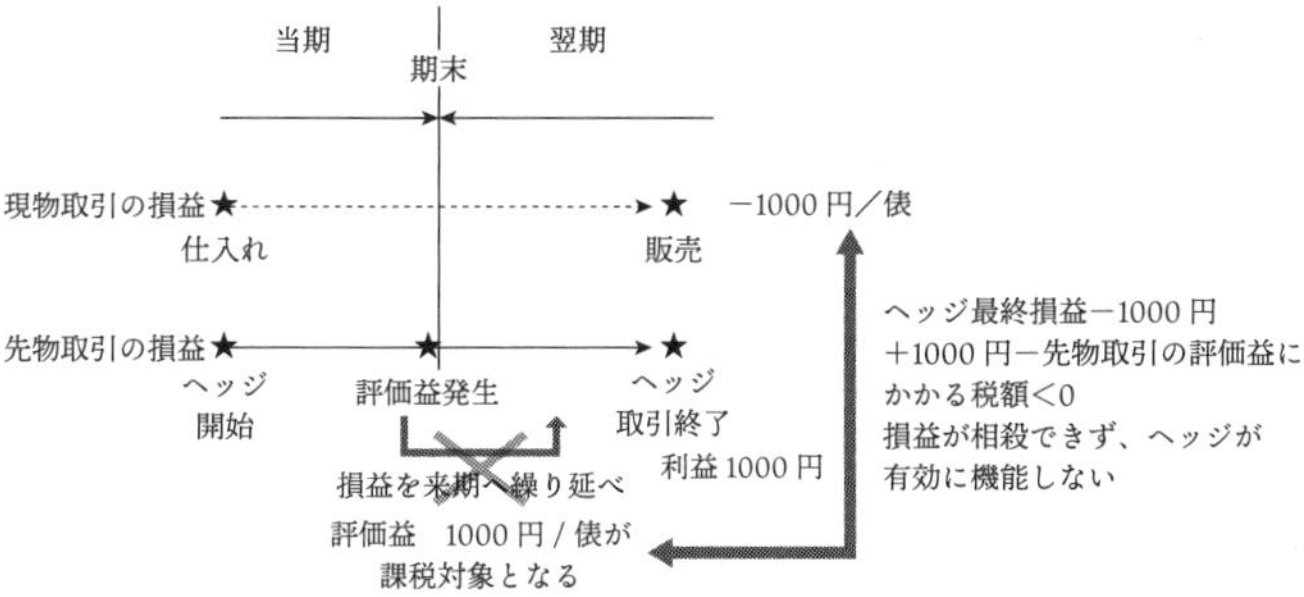

このようなヘッジ対象とヘッジ手段の損益の認識時期のズレを一致させるための会計手法が「ヘッジ会計」です。ヘッジ取引として認められれば、先物取引の評価益を当期の利益とせず、翌期に繰り延べることができます（図表6－4上図）。

「企業会計基準第10号　金融商品に関する会計基準　最終改正2019年7月4日／企業会計基準委員会」は、ヘッジ会計が適用されるヘッジ対象について、次のように規定しています。

「ヘッジ会計が適用されるヘッジ対象は、相場変動等による損失の可能性がある資産又は負債で、当該資産又は負債に係る相場変動等が評価に反映されていないもの、相場変動等が評価に反映されているが評価差額が損益として処理されないもの若しくは当該資産又は負債に係るキャッシュ・フローが固定されその変動が回避されるものである。なお、ヘッジ対象には、予定取引により発生が見込まれる資産又は負債も含まれる。」

ここでいう予定取引とは、同基準によれば「未履行の確定契約に係る取引及び契約は成立していないが、取引予定時期、取引予定物件、取引予定量、取引予定価格等の主要な取引条件が合理的に予測可能であり、かつ、それが実行される可能性が極めて高い取引」のことです。従って、受注生産・販売のほか、見込み生産・販売も含まれます。

また、ヘッジ会計が適用されるためには、ヘッジ取引を開始する「前」と、ヘッジ取引開始「後」の双方において、満たさなければならない要件があります。同基準によれば、事前要件は、次の通り、規定されています。

「(1) ヘッジ取引時において、ヘッジ取引が企業のリスク管理方針に従ったものであることが、次のいずれかによって客観的に認められること

①当該取引が企業のリスク管理方針に従ったものであることが、文書により確認できること

②企業のリスク管理方針に関して明確な内部規定及び内部統制組織が存在し、

当該取引がこれに従って処理されることが期待されること」

つまり、事前要件としては、①事前にリスク管理方針を文書化する　②内部統制組織や内部規定を整備すること　のいずれかが必要となります。リスク管理方針には、管理の対象となるリスクの種類と内容、ヘッジ方針、ヘッジ手段の有効性の検証方法など、基本的な枠組みを記載する必要があります。

また、同基準の規定によれば、事後要件は、次の通りです。

「(2) ヘッジ取引時以降において、ヘッジ対象とヘッジ手段の損益が高い程度で相殺される状態又はヘッジ対象のキャッシュ・フローが固定されその変動が回避される状態が引き続き認められることによって、ヘッジ手段の効果が定期的に確認されていること」

これは、ヘッジ開始から有効性判断時点までの期間において、ヘッジ対象とヘ

図表6－5　変動額比率の算出方法

$$\frac{\text{ヘッジ手段の価格変化}}{\text{ヘッジ対象の価格変化}} = 80\%\sim125\%$$

ッジ手段の価格変動との間に高い相関性が認められなければならない、ということです。決算日に加え、少なくとも半年に1度は、有効性の判断を行わなければなりません。その結果、両者の変動額比率がおよそ80％から125％の範囲内であれば、高い相関性があると認められます。変動額比率の算出方法は、図表6－5の通りです。

ただし、現行のヘッジ会計制度にはさまざまな問題点もあり、その不備を指摘する声もあるようです。米を含む商品には、価格変動に季節性があるものがあります。また、地域需給の違い、上場されている銘柄と現物銘柄の違いなどにより、現物価格と先物の納会値（最終日の値段）が一致しないことがあります。どこまでが季節要因によるものか、あるいは地域需給差・銘柄間の違いによるものなのかといった最終的な判断は税務署に委ねられます。そのため、ヘッジ取引の目標を達成できた場合であっても、ヘッジ会計が認められないことが起こり得ます。それは、ヘッジ会計制度が、米を含む商品のように季節要因や地域需給差がほとんどない、金融商品を想定して規定されていることが要因のようです。

米ではありませんが、こんな事例があります。石油元売大手　新日本石油は、原油の価格変動リスクを回避するための取引[*1]を行っています。これによりヘッジ取引の目的は達成されたにもかかわらず、２００６（平成18）年11月、国税局より、この取引が原油価格変動による損失のヘッジとして有効ではないと判断されました。結果、法人税その他で１２５億円とも試算される追徴税の更正通知を受けました。これは、ヘッジ対象とヘッジ手段の価格変動比率が３７５％となっていたことが理由のようです。

今後、ヘッジ会計制度が米などの商品価格変動リスクをヘッジしたい方や企業に適した制度になることが望まれます。

＊1　新日本石油が行っていたヘッジは、変動価格と固定価格を交換するスワップ取引のため、先物市場は利用していない。この場合、新日本石油の取引の相手方

が引き受けたリスクを先物市場等でヘッジすることになる。

それでは、ヘッジ取引の具体的な仕訳について、説明しましょう。

例4

C社は、日本の米を輸出し、海外で販売しています。C社の決算日は、12月末日です。

C社は、ある海外の業者D社に、年明け1月に秋田こまち204俵（1万2240キログラム）を販売することになりました。取引上の都合から、価格については1月に決めることになりました。

C社は、10月30日に米農家から秋田こまち204俵を1俵あたり1万4000円で仕入れました。同時に、海外の業者D社と契約を締結するまでの価格変動リスクをヘッジするため、米先物市場において、秋田こまち1枚（204俵）を1万4100円で売りました。

12月31日になり、C社は期末を迎えました。この時、先物市場における秋田こまちの帳入値段は、1万3900円でした。

年明け1月8日、C社は海外の業者D社と正式な売買契約を締結し、秋田こまちを1俵あたり1万3800円で販売しました。同時に、先物市場でヘッジしていた売り玉1枚を1万3870円で買戻しにより差金決済しました。

結果として、C社は、先物市場で売りヘッジを行ったことにより、現物取引による損失（1俵あたり200円損失）と先物市場による利益（1俵あたり230円利益）で相殺し、1俵あたり30円の利益を上げることができました。

ヘッジ有効性の評価は、原則として、ヘッジ開始時からヘッジ評価時点までにおける変動を比較します。例4の場合、ヘッジ手段（先物市場）の利益額が230円であるのに対し、ヘッジ対象（現物取引）の損失額が200円でした。図表6‐5「変動額比率の算出方法」により計算すると、相殺は115％となり、高い相関関係があるといえます。

なお、例4の仕訳は、図表6‐6のように行います。

以上、一般的な商品先物取引に関する税金、ヘッジ会計について説明いたしました。実際に税務申告、会計処理を行う際には、会計士・税理士の先生、最寄りの税務署にご確認ください。

顧客資産の保全措置

万が一、商品先物取引業者が倒産した場合、預けた資金はどうなってしまうの

図表６－６　お米を農家より仕入れ、その後、海外の業者Ｄ社に売却

10月30日　農家よりお米を仕入れ、証拠金50万円を入金して先物市場で売り建てる。

仕入	2,856,000	／	現金預金	2,856,000
差入証拠金	500,000	／	現金預金	500,000

※仕入代金は、14,000円×204俵＝2,856,000円
先物市場で売り建て時の仕訳はなし

12月31日　期末日処理

デリバティブ債権	40,800	／	繰延ヘッジ利益	40,800

※期末時点における先物市場の値洗い（評価）損益
（14,100円-13,900円）×204俵＝40,800円

1月1日　期初戻入

繰延ヘッジ利益	40,800	デリバティブ債権	40,800

1月8日　海外の業者Ｄ社にお米を販売し、先物市場の売り玉を反対売買により差金決済

現金預金	2,815,200	／	売上高	2,815,200
売上原価	2,856,000	／	仕入	2,856,000
未収金	46,920	／	売上原価	46,920

※海外の業者Ｄ社への販売代金は、13,800円×204俵＝2,815,200円
反対売買による損益は（14,100円-13,870円）×204俵＝46,920円

※その後、商品先物取引口座内資金を銀行口座に送金してもらう場合には、下記の仕訳をします。

銀行口座	546,920	／	差入保証金	500,000
			未収金	46,920

でしょうか？

これは、取引開始前に、ぜひ、チェックしておきたい事項です。商品先物取引では、預った証拠金等について、三つの保全措置があります。

1．日本商品清算機構への預託

証拠金として差し入れまたは預託した金銭等は、商品先物取引業者を通じて株式会社日本商品清算機構（以下、ＪＣＣＨ）に預託されます。ＪＣＣＨは、国内の商品取引所が株主となり設立された「アウトハウス型クリアリングハウス」です。クリアリングハウスとは、商品先物市場で成立した取引の相手方となって、取引の決済の履行を保証し、取引の信用リスクを削減する仕組みのことです。取引所の中に清算部門がある清算システム等に対し、取引所とは別法人として存在する清算機関のことを「アウトハウス型クリアリングハウス」といいます。ＪＣＣＨは、商品先物取引法に基づき、主務大臣から「商品取引債務引受業」の許可を受けて、商品取引所において行われた取引を対象に清算業務を行っています。

ＪＣＣＨへの預託方法は、２種類あります。

一つ目は、顧客が商品先物取引業者に差し入れた証拠金について、商品先物取引業者が代理人としてＪＣＣＨに預託する「直接預託」です。

二つ目は、顧客から同意を得たうえで、商品先物取引業者が顧客から預託された額以上の金額をＪＣＣＨに預託する「差換《さしかえ》預託」です。

いずれの場合も、万が一、商品先物取引業者が破綻等した場合などは、直接、ＪＣＣＨに資金の払戻請求をすることができます。なお、証拠金として有価証券を預託していた場合、ＪＣＣＨからの返還は現金で行われます。

2．分離保管制度

商品先物取引業者が顧客から預かった資金のうち、ＪＣＣＨへ預託している資金を差し引いたものは、保全対象資産として、信託銀行へ預けたり、日本商品委託者保護基金へ預託したりするなど、商品先物取引業者の資産と分離して保管することが義務付けられています。この保全措置とＪＣＣＨに預託している資金を合算すれば、顧客資産は全額保全される仕組みになっています。

3．委託者保護基金

ＪＣＨへの預託と分離保管制度により顧客資産は保全されますが、万が一、それらをもっても弁済しきれない場合に備え、「委託者保護基金によるペイオフ制度」があります。これにより、一般委託者は、一人あたり１０００万円を限度に弁済を受けることができます。

なお、一般委託者とは、商品先物取引業者に商品先物市場における取引の委託をした顧客（商品先物取引業者、適格機関投資家、商品投資顧問業者等を除く）のことです。

商品先物取引業者等の禁止行為

商品先物取引については、過去に、その強引な勧誘などが社会問題になったことがあります。しかし、現在は、法令や自主規制により、多くの規制があります。無用のトラブルを未然に防ぐためにも、業者側、顧客側がともにルールを理解し、守ることが大切です。

たとえば、取引開始前、取引中、取引終了時のそれぞれにおいて、禁止されている主な行為は次の通りです。

【取引開始前】

損失限定取引（第5章参照）以外の商品先物取引の勧誘は、勧誘を要請していない人に対する訪問、電話による勧誘が禁止されています。これを「**不招請勧誘の禁止**」といいます。

また、迷惑な時間帯に勧誘することや勧誘を断ったにもかかわらず再び勧誘することも禁止されています。これを、「**迷惑勧誘の禁止**」「**再勧誘の禁止**」といいます。

さらに「絶対に儲かります」等、利益になることが確実であるかのように誤認させる勧誘行為も「**断定的判断の提供**」として禁止されています。

【取引中】

売買の指示をしていないのに、営業マンが勝手に売買をする「**無断売買**」や、売買の数量等の具体的な注文の指示を受けずに営業マンが売買の委託を受ける「**一任売買**」は禁止されています。

また、同一商品、同一商品取引所、同一限月の売り玉と買い玉を同一枚数、保有することを勧めることは「**法令両建規制違反**」です。これには、異限月において売り玉と買い玉を同一枚数保有すること、または、異なる限月において売り玉と買い玉を異なる枚数保有することについて、顧客がその趣旨を理解しないままに取引させることも含まれます。

同一銘柄、同一限月において売り玉と買い玉の双方を保有する、いわゆる「両建《りょうだて》」は、特に同じ枚数の場合、相場がどちらに動いても損益は現状維持で変動しません。しかし、両建をはずすタイミングは非常に難しく、委託手数料も倍額必要となるためです。

【取引終了時】

商品先物取引の決済注文を出す際に、「担当者が不在で対応できない」、「損を取り戻すために取引を続けましょう」等と言って決済注文を受けない「仕切拒否・回避」は、禁止されています。

なお、顧客の意思決定や判断を歪めるおそれのある行為として、商品先物取引法および同法施行規則により禁止されているものについては、次の文章をご参照ください。

（1）商品先物取引法（第214条）による禁止行為

①顧客に対して、不確実な事項について断定的判断を提供し、又は確実であると誤認させるおそれのあることを告げて勧誘すること。
②商品市場における取引等の受託を内容とする契約の締結又はその勧誘に関して、顧客に対して虚偽のことを告げること。
③取引の注文を行う際に顧客が指示しなければならない事項について、顧客から指示を受けないで取引の注文を受けること。
④顧客から受けた取引を商品市場で執行する前に、その取引と同じ内容の自己取引をより有利な価格で行うこと。
⑤取引の委託をしない旨の意思（勧誘を受けることを希望しない旨の意思を含む。）を表示した者に対して勧誘すること。
⑥顧客に対して、迷惑を覚えさせるような夜間・早朝・勤務時間中の時間帯や顧客の意思に反した長時間に亘る方法等で勧

誘すること。

⑦勧誘に先立って、顧客に対して会社名と商品先物取引の勧誘を行おうとしている旨を告げた上で勧誘を受ける意思の有無を確認しないで勧誘すること。

⑧商品取引契約の締結の勧誘の要請をしていない顧客に対し、訪問し、又は電話をかけて、商品取引契約の締結を勧誘すること。

⑨同一の商品取引所の同一の商品について、同一の限月の売建玉と買建玉を同一枚数保有することを顧客に対して勧めること。

（2）商品先物取引法施行規則（第103条）による禁止行為

①証拠金の返還請求、顧客の指示の遵守など、顧客に対する債

務の履行を拒否し、又は不当に遅延させること。
②故意に、顧客の取引と自己の取引を対当させて、顧客の利益を害することとなる取引をすること。（いわゆる「向い玉」）
③顧客からの指示を受けずに、無断で顧客の取引として取引をすること。（顧客が所定の日時までに証拠金を預託しなかった場合や商品取引所による取引の制限等、「準則」に定める場合を除きます。）
④売付け又は買付け、転売又は買戻しの区別などの事項を偽って商品取引所に報告すること。
⑤顧客もしくは顧客が指定した者に対して、特別の利益を提供することを約束し、又はこれを提供すること。（第三者が特別の利益を提供することを約束し、又はこれを提供させることを含みます。）

⑥顧客に対して、取引の単位を告げずに取引を勧誘すること。
⑦転売又は買戻しにより取引を決済する意思表示をした顧客に対し、引き続きその取引を行うよう勧めること。（いわゆる「仕切拒否」）
⑧商品市場における取引の委託について、重要な事項について誤解を生じさせるべき表示をすること。
⑨同一の商品取引所の同一の商品について、同一の限月の売建玉と買建玉を異なる枚数保有する取引、異なる限月の売建玉と買建玉を同一枚数保有する取引及び異なる限月の売建玉と買建玉を異なる枚数保有する取引を、その取引を理解していない顧客から受託すること。

損失補てん等の禁止

①商品先物取引業者が顧客に対し又は、顧客が商品先物取引業者に対し、あらかじめ損失補てん等の申し込みや約束をすること等。
②商品先物取引業者が顧客に対し又は、顧客が商品先物取引業者に対し、発生した損失の補てん等の申し込みや約束をすること等。
③商品先物取引業者が顧客に対し、損失の補てん等のために財産上の利益を提供すること等。
④顧客が商品先物取引業者から約束に基づく損失の補てん等を受けること等。

資料：「契約締結前交付書面　商品先物取引（通常取引契約）」カネツＦＸ証券株式会社を筆者が一部修正

トラブルの相談窓口

万が一、商品先物取引業者等とトラブルになった場合は、どうすればいいでしょうか?

商品先物取引業者とトラブルになった場合には、日本商品先物取引協会が苦情の受付や、あっせん・調停の仲介をしています。同協会は、商品先物取引法第245条の規定により、農林水産大臣並びに経済産業大臣の認可を受けた法人で、商品デリバティブ取引等を公正かつ円滑にし、委託者等の保護を図ることを目的としています。

日本商品先物取引協会　相談センター
【電話の場合】０３‐３６６４‐６２４３
月～金曜日（祝日を除く）9時～17時

【郵送の場合】　〒103-0012　東京都中央区日本橋堀留町1丁目10番7号
※直接協会へご来訪の場合には事前にお知らせください。
同協会サイトからも相談可能です。

ただし、日本商品先物取引協会に所属していない業者（会員を所属先とする商品先物取引仲介業者は可）に関する相談については、取り扱うことができません。そのような場合は、主務省の相談窓口を利用するとよいでしょう。

農林水産省相談窓口「商品先物トラブル110番」
電話：03-3502-8270

受付時間：9時30分～17時

※ただし、農畜産物関係の商品先物取引の、取引に関する相談や違反行為等の情報提供のみ受付。

主に金や銀などの貴金属、石油等にかかる商品先物取引は、経済産業省相談窓口へ。

Column

【コラム】お江戸のフィンテック！　米価伝達は新幹線より速かった！

江戸時代、堂島米会所で決まった米の値段は、全国に伝えられました。

さて、突然ですが、ここで読者の皆様に質問です。

「江戸時代、大坂の取引所で成立した米の値段は、岡山の米穀取引所まで、どのくらいの時間で届いたでしょうか？」

ちなみに、現在、大阪・岡山間は、新幹線でおよそ1時間かかります。

高槻泰郎先生のご著書『大坂堂島米市場』（講談社現代新書）によれば、当時、「米飛脚」といって、米の価格情報の伝達を専門にした業者もいたそうです。米飛脚は、主要な米銘柄の値段、金銀の交換レート、相場の市況等を記載した文書を毎日、伝達していました。米相場の始値を知らせる便、終値を知らせる便など、1日複数回、定期の便があったようです。

しかし、米飛脚よりももっと早く米相場情報を知りたい、と考えた人々によって、伝書鳩による伝達、狼煙、旗振りによる伝達など、さまざまな方法が編み出されました。

旗振りとは、山の上などの見晴らしの良いところから、旗を振ることにより、米相場の値段を伝える方法です。値段だけではなく、文字等も送達していたそうです。しかも、盗用を防ぐために暗号化もしてあったというのですから驚きます。

今でも全国各地に「旗振り山」「相場振山」など、「旗」や「相場」という名称が残る山が200カ所近くあるそうです。[*1] これは、米相場の旗振りの名残のようですね。

『旗振り山』(柴田昭彦・著/ナカニシヤ出版)によれば、旗振りの中継点から中継点までの平均は三里(およそ12キロメートル)で、通信速度は平均時速720キロメートルとのことです。

それではここで、正解をお知らせします。

大坂の取引所で成立した米の値段が岡山の米穀取引所に届くまでの所要時間は、なんと18分[*2]でした!!

新幹線より速いだなんて、凄いと思いませんか? ちなみに、この旗振りによる情報の伝達は、大正時代まで続いたそうです。

現代において、技術(Technology)と金融(Finance)サービスが融合したものについて、フィンテック(Fintech)と呼びますが、「旗振りに

Column

よる情報の伝達」は、まさに江戸時代のフィンテックだったといえますね。

＊1　「旗振り通信ものがたり」柴田昭彦ホームページより
＊2　大阪堂島商品取引所ホームページ制作動画より

【参考文献】

『商品先物市場のしくみ　資産運用からリスクヘッジ機能まで』三次理加／著　ＰＨＰビジネス新書
『入門　商品投資のすゝめ～初心者必見！　これから始める人のための徹底ガイド～』三次理加／著　同盟出版サービス
「私の独り言　明治維新を成功させた陰の力―ある大坂豪商と京都の公家の話」長谷川　晃／著　大阪大学工業会誌テクノネット
「日本の財政関係資料（平成30年10月）」財務省
『大坂堂島米市場　江戸幕府ＶＳ市場経済』高槻泰郎／著　講談社現代新書
『東京米穀取引所史』東京穀物商品取引所／編
「会報　平成31年4月ＮＯ．１２０」一般社団法人金融先物取引業協会
「Futures & Options」一般社団法人金融先物取引業協会
「中国の市場社会主義と商品先物市場：中国の商品先物市場は発展可能か？」森田憲・陳雲／著　日本商品先物振興協会　２００５年度「商品先物取引に係る研

究調査助成金制度」対象論文
「農産物取引の基礎知識　２０１９ｖｅｒ．１．２」東京商品取引所
「生産量と消費量で観る世界の小麦事情」農林水産省ホームページ
「世界の食料需給の動向と中長期的な見通し―世界食料需給モデルによる２０２8年の世界食料需給の見通し　平成31年3月」農林水産政策研究所
「主要国の農業情報調査分析報告書（平成25年度）」第2章　中国におけるジャポニカ米の生産・流通動向　農林水産省ホームページ
『穀物メジャー―食糧戦略の「陰の支配者」―』石川博友／著　岩波新書
「エネルギー取引の基礎知識　２０１９ｖｅｒ．１．３」東京商品取引所
「フューチャーズ　トリビューン」２０１９年2月12日・19日・26日、3月5日・12日・19日・26日・29日、4月2日・9日・12日・16日・23日・5月10日・14日・21日・28日、6月4日・11日・18日・25日・28日、7月2日・9日・16日・23日・30日、8月6日・9日／経済エクスプレス
『商品先物取引の基礎知識』木原大輔／著　時事通信社

「先物取引の意義と機能に関する一考察―アメリカにおける最近の裁判例を素材として―」前田雅弘／著　京都大学法学部創立百周年論文集第3巻
『大阪名所むかし案内　絵とき「摂津名所図会」』本渡章／著　創元社
『近世米市場の形成と展開　幕府司法と堂島米会所の発展』高槻泰郎／著　名古屋大学出版会
『上方の研究　第五巻』宮本又次／編　清文堂出版
『大阪堂島米会所の研究』津川正幸／著　晃洋書房
『五代友厚伝』宮本又次／著　有斐閣
『五代友厚秘史』五代友厚七十五周年追悼記念刊行会／編集発行
『半世物語』廣瀬宰平／著　廣瀬つぎ子／発行
『商都大阪をつくった男　五代友厚』宮本又郎／著　ＮＨＫ出版
「マンガでわかるｅワラントの始め方」ｅワラント証券株式会社ホームページ
「ｅワラント商品ガイド　２０１６年１月版」ｅワラント証券株式会社ホームページ

【参考文献】

『旗振り山』柴田昭彦／著　ナカニシヤ出版
「商品先物取引の会計処理及びヘッジ会計の適用方法」東京穀物商品取引所／編集・発行　朝日監査法人／監修
『デリバティブ取引の経理入門』監査法人トーマツ／編　中央経済社
『ヘッジ取引の会計と税務　第4版』荻茂生・長谷川芳孝／著　中央経済社

おわりに

2012（平成24）年、経済産業省産業構造審議会商品先物取引分科会の委員として、同会議に参加させていただいた頃、商品先物市場活性化のために必要だと訴えたアイディアの一つに、商品先物市場に関する書籍の発行がありました。

世間では、商品先物取引に関する正しい知識が理解されておらず、特に、上場商品に関わる業者の方々にその知識を伝える必要がある、と思っていたからです。

海外でデリバティブ取引が拡大している一方で、日本の商品先物市場が縮小の一途を辿る背景には、日本における商品先物取引に対するイメージの悪さもありますが、上場商品に関わる業者の方々の商品市場への参加が少ないことも要因の一つです。

当時、必要だと訴えた書籍の内容は、次のようなものでした。

・商品先物市場の仕組みについての解説本
・各銘柄についての解説本
・商品先物市場を利用したリスクヘッジおよびヘッジ会計について解説した本
・商品市場を舞台、題材にした物語

同会議が終了後、本稿執筆まで7年が経過していますが、未だにこれらに関する書籍は、発行されていません。もちろん、「こうすれば儲かる」系の書籍は、多少はあるようですが、それでも書店の資産運用コーナーで、商品先物関連本を見つけることは非常に稀です。

そこで、「誰も書かないのであれば、自分で書こう！」と思うに至りました。

本書を執筆するにあたり、多数の皆様にお力添えをいただきました。

大阪堂島商品取引所理事長岡本安明氏には、大変お忙しいところお時間を頂戴し、私の米先物取引書籍発行にかける熱い思いを聞いてくださり、本書を執筆するという大変貴重な機会をいただき、深謝いたします。元・カネツ商事株式会社代表取締役社長、岡安商事株式会社参与 杉本良隆氏には、商品先物取引の書籍化に対する無謀ともいえる私の挑戦にご理解をいただき、岡本理事長との間をつないでいただきました。ありがとうございました。

また、大阪大学名誉教授 仁科一彦先生には、お忙しいところ「主食である米を商品先物市場で取引することに対する是非」をテーマに寄稿いただきました。限られた文字数の中で、非常に明快でわかりやすくご説明をいただきました。厚く御礼申しあげます。

広岡浅子、五代友厚のコラムの執筆に際しては、神戸大学経済経営研究所准教授 高槻泰郎先生に関連する参考文献等について、アドバイスをいただき、感謝いたします。先生のご著書は、本書でも多数引用させていただきました。また、高槻先生をご紹介くださいました神戸大学大学院経済学研究科教授 岩壷健太郎先生にも御礼申しあげます。本書執筆の数年前ではございますが、岩壷先生の教え子の皆様が論文大会用に作成されたパワーポイント「コメの先物市場の活性化」をインターネットで発見し、特に「日本版 Option Pilot Program の導入」のくだりについては、非常に興味深く拝見しました。学生の皆様が米の先物取引にこのように関心を寄せてくださるとは、日本の商品先物業界の未来も捨てたもんじゃない（笑）と感動しました。将来、米のオプション取引が上場されることに期待したいと思います。

岡安商事株式会社東京本部統括店法人部次長 水本修志氏、山本勝也氏には、米の受渡決済についてご教示いただきました。米の受渡しの実際については、私は現場を担当したことがないため細かな知識がなく、とても助かりました。

第5章「投資先としての米」執筆に際しては、米と他資産クラスとの相関性を算出する際のデータについて、ファイナンシャル・プランナー仲間の株式会社イデア・ファンド・コンサルティング代表取締役 吉井崇裕氏よりアドバイスいただきました。

大阪堂島商品取引所営業企画部総括部長 大房弘憲氏、時事通信出版局の永田一周氏には、超タイトなスケジュールにご対応いただき、本当に感謝申しあげます。

多数の関係者の皆様のおかげで、本書を世に送り出すことができ、私は幸せです。本当にありがとうございました。

最後に、私の執筆を支え、協力してくれた最愛の夫＆子供たち、家族に、ありがとう！

「堂島」の米先物取引が世界に冠たる米指標となることを祈念して

令和元年十月

三次理加

【著者紹介】

三次理加（みつぎ・りか）

ファイナンシャル・プランナー。CFP（R）認定者。大学卒業後、商品先物老舗のカネツ商事に入社。ラジオNIKKEI第一「ファイナンシャルBOX」、BSジャパン「マーケットウィナーズ」に出演、「夕刊フジ」「証券タイムズ」にコラムを執筆するなど商品市況コメンテーターとして活躍。同社退職後は、FPとして独立し、執筆、講演を中心に活動。2012年に経済産業省・産業構造審議会 商品先物取引分科会委員を務める。主な著書に『ネットで簡単！リカがやさしく教える商品先物　超入門』（柏書房）、『商品先物市場のしくみ』（PHPビジネス新書）などがある。

【協力】

大阪堂島商品取引所

お米《こめ》の先物《さきもの》市場《しじょう》活用法《かつようほう》

――未払《みばら》いリスクを回避《かいひ》できる新《あら》たな販売先《はんばいさき》を確保、仕入《しい》れ先《さき》を拡充《かくじゅう》できる！価格変動《かかくへんどう》の不安《ふあん》がなくなる！

2020年2月1日　初版発行

著　者：三次理加
発行者：武部　隆
発行所：株式会社時事通信出版局
発　売：株式会社時事通信社
〒104-8178　東京都中央区銀座 5-15-8
電話03（5565）2155　https://bookpub.jiji.com/

印刷／製本　中央精版印刷株式会社

ISBN978-4-7887-1698-8　C0033　Printed in Japan